Kindler
Taschenbücher

Geist und Psyche

Das ist Autogenes Training

Ich mache Autogenes Training
Millionen machen Autogenes Training

Von Dr. med. Karl Robert Rosa
Psychotherapeut, Facharzt für Neurologie
und Psychiatrie

Mitglied der Deutschen und Österreichischen
Gesellschaft für ärztliche Hypnose
und Autogenes Training

Kindler
Taschenbücher

Copyright 1973 by Kindler Verlag GmbH, München.
Alle Rechte vorbehalten, auch die des teilweisen Abdrucks, des öffent-
lichen Vortrags und der Übertragung durch Rundfunk und Fernsehen
Redaktion: M. Kluge
Korrekturen: C. May
Gesamtherstellung: Friedrich Pustet, Regensburg
Printed in Germany
ISBN 3 463 00563 0

Professor Dr. J. H. Schultz,

meinem Lehrer, zum Gedächtnis

Inhalt

Zu diesem Buch

Was ist Autogenes Training?

Das vorliegende Buch will darüber ausführlich informieren. Das Autogene Training als exakte, methodisch klar definierte Selbsthypnose ist eine Kunst, zu sich selbst zu finden und die wiederentdeckte Leiblichkeit in gelöster, ausgewogener Harmonie zu erfahren.

Das vorliegende Buch gibt Auskunft darüber, was Autogenes Training ist. Immer mehr Ärzte empfehlen ihren Patienten, die an funktionellen Störungen leiden, Autogenes Training zu machen. Der Rat ist richtig, wenn alle vorausgegangenen klinischen Untersuchungen ergeben haben, daß kein organischer Befund vorliegt. Weisen also die Beschwerden, über die ein Patient klagt, auf gestörte Funktionen hin, dann ist die Indikation für das Autogene Training gegeben.

Die Methode hat sich durchgesetzt, aber es ist nicht immer dieselbe Methode, über die verschiedene Autoren mit verschiedenen Zielsetzungen schreiben. Die Zahl der fehlerhaften oder unvollkommenen Darstellungen wächst, je mehr Anhänger das Autogene Training gewinnt. Damit wächst aber auch die Verwirrung. Manche Lehrer (und Autoren) greifen auf jene heterohypnotische Technik zurück, die J. H. Schultz in seinem wissenschaftlichen Lebenswerk durch eine praktikable, jedermann verständliche Methode der Autosuggestion ersetzen wollte. Das umfangreiche Lehrbuch von Professor Schultz, des Begründers der Methode, ist auch heute noch für den Lehrenden wie für den Lernenden unentbehrlich – es gehört in die Hand des Lehrers und Arztes.

Es ist heute notwendiger denn je, die Originalmethode unverfälscht und anschaulich darzulegen. Der Autor, selbst ein Schüler von Schultz, berichtet über das Autogene Training aus jahrzehntelanger Selbsterfahrung. Die hier veröffentlichten Ergebnisse seiner Arbeit fassen konkrete, im subtilen Einzelunterricht gewonnene Erkenntnisse zusammen. Er zeigt Menschen, die im Autogenen Training gelernt haben, sich selbst zu erfahren, die gelassen sind, weil sie gelernt haben, sich zu lassen.

Niemand kann zuverlässig das Autogene Training im Selbstunterricht erlernen. Wer aber genügend Bereitschaft zeigt, sich die Methode mit Hilfe eines Lehrers anzueignen, wird nicht darauf verzichten wollen, das Verfahren kennenzulernen. Autogenes Training setzt Vertrauen voraus.

Der Leser soll aus dem Buch Informationen und Anregungen schöpfen, um eine erprobte therapeutische Technik zu erlernen, die nicht erst bei groben Störungen angezeigt ist. Es gibt keinen Menschen, dem das Autogene Training – richtig gelehrt – bei regelmäßiger Übung geschadet hätte. Das Gegenteil ist der Fall.

Das Buch ist nicht zuletzt eine Einladung an den Leser, das Autogene Training zu erlernen.

Einleitung

Die Bedeutung des Lehrers für das Autogene Training ist seit
J. H. Schultz' Darstellung der Methode in seiner ganzen Trag-
weite erkannt worden.

Mir liegt mehr an dem positiven Inhalt der Beziehung zwischen Lernenden und Lehrenden. Das vorliegende Buch soll
vornehmlich Sachfragen zum Autogenen Training verständlich
beantworten, Interesse wecken und Interessierten die methodischen Möglichkeiten des Autogenen Trainings aufzeigen. Wir
halten uns an die Vorteile der persönlichen, mündlichen Lehre.
Die intensive Unterrichtung im Autogenen Training ist zu verstehen als ein Gedanken- und Erfahrungsaustausch zwischen
dem erfahrenen Lehrer und dem weniger erfahrenen Schüler.
Während der Ausbildungszeit, die im Einzelunterricht vier, im
Höchstfalle sechs Monate beträgt, wird die anfangs unterschied-
liche Erfahrungshöhe ausgeglichen: Lehrer und Schüler tauschen
miteinander Wissen und Erfahrung, Einfall und Einsicht auf einer zunehmend paritätischen Ebene aus.

Auf dieser Linie von methodischem Unterricht und persönli-
chem Austausch liegt auch die durch positive Erfahrungen bestä-
tigte Methode, die dem Lernenden vorschreibt, ausreichende
Aufzeichnungen über seine Wahrnehmungen zu machen und
sie bei der nächsten Kontrollstunde ins Gespräch zu bringen.
Mit der noch frisch im Gedächtnis haftenden Erlebnisdichte kurz
nach der Übung bereichert der Übende den Dialog mit seinem
Lehrer um so viele Details, daß dieser das Material – gestützt
auf seine eigene Erfahrung und die ihm aus anderem Unterricht
zugeflossenen Fremderfahrungen – für den jeweiligen neuen
Schüler als Übungsergebnis interpretieren kann. Ich habe die
Erfahrung gemacht, daß nicht zu weitschweifiges, auf ganz we-

sentliche Punkte beschränktes Protokollieren den Unterricht vertieft und hinsichtlich des angebotenen Lehrstoffs die notwendige eigene Mitarbeit fördert, so daß sich der Unterricht in einem optimalen Dialog abspielt.

Wie jede erlernbare Technik unterliegt auch das Autogene Training einigen prinzipiellen Gesetzen, die nicht vernachlässigt werden dürfen, wenn der Erfolg nicht in Frage gestellt werden soll. Eines der fundamentalen Lerngesetze ist das häufige, regelmäßige Wiederholen. Deshalb hat sich schon seit den zwanziger Jahren das täglich zweimalige Üben für jeweils kurze Zeiten durchgesetzt. Im Einklang mit allen Erfahrungen der Lernpsychologie ist im Autogenen Training das jeweilig kurze Üben zu zwei getrennten Zeiten des Tages jedem langen Üben oder gar irgendeinem verbissenen Marathonüben weit überlegen. Lernpsychologisch ist erwiesen, daß die häufige Rekapitulation kleiner Lernabschnitte wesentlich mehr dauerhafte Aneignung verbürgt als eine zeitraubende, lang anhaltende Beschäftigung mit umfangreichen Lerninhalten. Ein zweites Fundamentalgesetz des Lernens ist das Durcharbeiten des schon angeeigneten Lernstoffes, dem der ganze Aufbau des Autogenen Trainings insofern Rechnung trägt, als für jeden neuen Lehrstoff das bisher Erlernte im Vorlauf durchschritten werden muß. Das bedeutet, daß bei der Neuaneignung der Einstellung Nr. 4 in der Unterstufe die Einstimmung und die Einzeleinstellungen Nr. 1–3 erst durchlaufen werden müssen, bevor der neue Stoff angehängt werden kann und für sich dann die längste Lernzeit dieser jeweiligen Trainingssituation beanspruchen darf.

Die Bindung der einzelnen Lernzeiten an gleichmäßige Tageszeiten im Verein mit anderen gleichzeitig wiederkehrenden Handlungen ermöglicht die Herausbildung eines Stereotyps, das in sich den Lernprozeß fördert und die erlernten Inhalte mit anderen, auch stofflich fremden Inhalten dauerhaft verbindet.

Die allgemeine Anweisung, möglichst oft das Autogene Training zu üben, ist für sich gesehen noch nicht effizient genug. Autogenes Training in seiner Erlernphase ist nicht abzutrennen von den eben geschilderten lernpsychologischen Voraussetzungen, weil es im letzten gleichgültig ist, was der Mensch bis zu einer gewissen Meisterschaft erlernen möchte: immer ist die Beachtung allgemeiner und für alle Lernprozesse gültiger Voraussetzungen auch die Gewähr für eine zweckentsprechende Aneignung des Autogenen Trainings.

Bevor im Hauptteil dieses Buches die Frage beantwortet wird, was Autogenes Training ist und was es dem Lernenden bietet, soll hier kurz der Gesamtaufriß des Autogenen Trainings entsprechend dem Übungsheft zum Autogenen Training von J. H. Schultz aufgezeigt werden.

Die Unterstufe des Autogenen Trainings gliedert sich in sogenannte »Selbsteinstellungen« oder auch »Übungen« und eine vorausgehende Formel, die verstanden werden kann als »Einstimmung« oder auch einfach als Motto für die Zielsetzung im Autogenen Training.

Die Bezeichnung »Einstellung« ist der Bezeichnung »Übung« vorzuziehen, obwohl sich für das Gesamtverfahren der Begriff Training durchgesetzt hat. »Üben« und »trainieren« sind unter den allgemeinen Leistungsvorstellungen und Leistungsdiktaten unserer Gesellschaft als Leitbegriffe so entwertet worden, daß sie für unser Verfahren zu Fehlschlüssen führen könnten. Deshalb ziehe ich den Ausdruck »Formel« oder »Einstellung« der Bezeichnung »Übung« vor. Sämtliche hier genannten Ausdrücke werden aber überall als Synonyma verstanden.

Der Aufbau im einzelnen:

A. Einstimmungsformel: »Ich bin ganz ruhig.«

B. 1. »Rechter Arm (bei Linkshändern linker Arm) ganz schwer.«

   2. »Rechte Hand (linke Hand) warm.«

   3. »Puls ruhig und kräftig.«

   4. »Atem ruhig und gleichmäßig.«

   5. »Sonnengeflecht strömend warm.«

   6. »Stirn angenehm kühl.«

Daß diese Standardformeln gewisse sprachliche Modifikationen vertragen, wird jedem Teilnehmer an einem Kurs für Autogenes Training alsbald auffallen. Der erfahrene Lehrer nimmt auch

Umstellungen in der Reihenfolge der Formeln in eigener Verantwortung vor, meist in Verbindung mit dem körperlichen Befund
und den Beschwerden des Patienten. Diese Dinge muß ausschließlich der Übungsleiter verantworten. Der Übende selbst
hält sich nicht an die hier, im Übungsheft oder im Lehrbuch
abgedruckten Formeln, sondern verwendet jene Formeln, die
ihm sein Übungsleiter aufgegeben hat, und zwar in der dort
festgelegten Reihenfolge.

Autogenes Training – was ist das?

Wie Autogenes Training entstanden ist

»Das Autogene Training hat sich unmittelbar im Anschluß an die Erfahrungen der Hypnose entwickelt.« Mit diesem klaren Satz hat J. H. Schultz bereits 1929 in einer seiner zahlreichen Veröffentlichungen dieser Zeit den Standort des Autogenen Trainings eindeutig bestimmt. Die Herkunft der Methode von der Hypnose kann nur sichtbar gemacht werden, wenn über Hypnose selbst übersichtliche Aussagen vorliegen. Das ist notwendig, weil die Hypnose seit frühesten Zeiten infolge mannigfacher Mißbräuche in schlechtem Ruf steht. Die ärztliche Hypnose ist eine seit altersher angewandte Technik. Ihre Ursprünge lassen sich bis ins Altertum zurückverfolgen. In der Neuzeit gilt Messmer als Bahnbrecher für suggestive und hypnotische Behandlungsverfahren, wenngleich sein Magnetismus nach heutigen Vorstellungen keine reine Hypnosetechnik darstellt. Gegen Ende des 19. Jahrhunderts hat Braid Hypnosetechniken angewandt, deren Grundlagen noch heute gültig sind. Größere Bedeutung erlangte die Arbeit der französischen Schule von Nancy, zu der bekanntlich Sigmund Freud enge Beziehungen hatte. Um die Jahrhundertwende war die Hypnosetechnik bereits außerordentlich weit entwickelt. Zu ihren Hauptvertretern gehörte unter anderen Oskar Vogt, der Lehrer von J. H. Schultz. Sein bedeutender Schüler hat im ersten Jahrzehnt dieses Jahrhunderts Vogts Technik der sogenannten fraktionierten Hypnose übernommen und weiterentwickelt.

Das Wesen der ärztlichen Hypnose beruht auf einer Einschläferungstechnik, mit deren Hilfe der ausgestreckt liegende Patient in einen Zustand völliger körperlicher Ruhe und Bewegungslosigkeit gebracht wird. Die zahlreichen Einschläferungstechniken selbst sind in ihrer Wertigkeit wenig voneinander unterschieden. Der Patient fällt dabei nicht in den vollen Schlaf, sondern in ein Schläfrigsein bei abgesenktem Bewußtsein gegenüber der Außenwelt und größtmöglicher Interessenlosigkeit. Mit Hilfe von Suggestionen verbaler Art, die ihm den Zustand einer angenehmen, sorgenfreien Gelöstheit vermitteln, verhält sich der Mensch zu Beginn der Hypnose völlig passiv. Er ist auf den Hypnotiseur und seine Worte fixiert. Sein Interesse wendet sich ausschließlich seinen Innenerlebnissen zu, die ihm der Hypnotiseur suggestiv vorstellt. Es ist wichtig zu betonen, daß der auf diese Weise exakt hypnotisierte Mensch nicht zu einem willenlosen Subjekt gemacht wird. Seine Passivität verzichtet auf spontane und gerichtete eigene Aktivität zugunsten einer Erlebnisfähigkeit, die inhaltlich und qualitativ vom Hypnotiseur vorgezeichnet wird. In diesem Zustand eines passiven Sichselbsterlebens erfährt der Patient die wohltuende Wirkung einer vollkommenen muskulären Entspannung und einer Regulierung der vegetativen Steuerungen seines Körpers. Auf der Basis solcher Binnenerfahrung ist er imstande, Auseinandersetzungen mit früheren Erlebnissen traumatischer Art oder mit aktuellen Konflikten zu wagen. Mit Hilfe des Hypnotiseurs, der führend vorangeht und diese klar umgrenzte Erlebnisdichte gewährleistet, finden psychische Umsetzungen und Auflösungen statt, die das eigentliche therapeutische Wesen dieser Behandlung ausmachen. Wie bei der Einleitung der Hypnose werden auch bei der Beendigung jeder hypnotischen Sitzung genaue stufenweise Anleitungen befolgt. Sie garantieren ein Geschehen, das frei ist von störenden Neben- und Nachwirkungen. Es ist selbstverständlich, daß eine solche Technik genau erlernt und vom Hypnotiseur fehlerfrei beherrscht werden muß. Jedes Dilettieren mit diesem Verfahren kann unkontrollierbare und in ihren Spätwirkungen bedenkliche Fehlsteuerungen im Organismus des Hypnotisierten nach sich ziehen.

Die ärztliche Hypnose hat wie jede Behandlungsmethode ihre Indikation, das heißt ihre Anzeigenstellung. Hypnose ist angezeigt bei bestimmten aktuellen psychischen Konflikten mit dem Charakter eines seelischen Traumas. Hypnose ist aber auch angezeigt bei verschleppten leib-seelischen Erkrankungen und

Fehlhaltungen, deren Ursache verborgen oder nicht mehr erinnerlich ist. Die Hypnose kann den Kausalzusammenhang wieder aufdecken und mit der gezielten Reaktualisierung des vergessenen Konfliktes und seiner damit verbundenen intensiven Bearbeitung die Heilung bewirken. Innerhalb dieser Anzeigenstellung hat die Hypnose mit einer im ganzen unschädlichen und den Kranken nicht nachteilig beeinflussenden Technik vorzügliche Erfolge. Der einzige Nachteil bei der Hypnosetechnik ist die dauerhafte, mindestens für die Zeit einer Behandlungsserie anhaltende Bindung zwischen Hypnotisiertem und Hypnotiseur.

Schon um die Jahrhundertwende wurden Versuche gemacht, den mit Hypnose zu Behandelnden aus dieser zuweilen recht belastenden Bindung zu lösen und ihn gewissermaßen auf eigene Füße zu stellen, ihm also eine Hypnose zu verordnen, die er nach einer Anfangsbehandlung selbst weiterführen kann. Die Frage war also: Gibt es eine methodisch begründbare und zuverlässige Selbsthypnose? Wenn ja, welche technischen Möglichkeiten bietet sie, welche Grenzen sind ihr gesetzt?

In dieser Frühzeit der Erforschung autohypnotischer, das heißt selbsthypnotischer Versuche fiel die klinische Tätigkeit des damals jungen Arztes J. H. Schultz. Die Technik der Hypnose kann nicht unverändert als Selbsthypnosetechnik angewandt werden. Sowohl Einstieg als auch Ausstieg aus der Hypnose – bei der Fremdhypnose durch den Hypnotiseur technisch bis ins Letzte beherrscht – mußten für den Selbstversuch modifiziert werden. Im Vergleich zu Versuchen dieser Art, die in den ersten beiden Jahrzehnten dieses Jahrhundert von vielen Autoren erprobt und publiziert wurden, ist J. H. Schultz gründlicher vorgegangen. Er hat sich intensiv mit den psychologischen Phänomenen der Lernprozesse beschäftigt und die physiologischen Grundlagen der Vorgänge in der Hypnose studiert. Das Ergebnis dieser groß angelegten Arbeit ist das Autogene Training, die bis heute unbestritten beste und obendrein gefahrlose Methode einer selbsthypnotischen Übung, wenn sich der Übende dieses Training exakt aneignet und in kontinuierlicher Weiterarbeit vertieft.

Die Durchführung des Autogenen Trainings hat das Hypnoid zum Ziel. Insofern ist das Autogene Training eine Methode der Selbsthypnose. Alle davon abweichenden Varianten – mögen sie im Einzelfall noch so erfolgreich sein – beruhen auf einer Entspannung des Organismus, dem das Wesensmerkmal des Hypnoids fehlen kann. Das Hypnoid, der Zustand einer flachen Hypnose, ist gekennzeichnet durch das Aufsuchen, das Erreichen und den Verbleib in einer Erlebnisschicht des gesenkten Bewußtseins. Hypnoid heißt nicht Verlust des Bewußtseins und bedeutet auch nicht Einengung des Bewußtseins. Mit der Absenkung des Bewußtseins ist klar definiert, daß sich die Lebensprozesse einschließlich der Selbstwahrnehmung auf einer anderen Basis abspielen, als dies im Wachbewußtsein, aber auch im Schlaf der Fall ist.

Die abgesenkte Bewußtseinslage des Hypnoids gibt dem Übenden den für das Übungsziel maßgebenden Erfahrungshorizont, die spezifischen Erlebnisqualitäten dieser Schicht und die besonders getönte Ruhehaltung. Diese letztere ist nicht zu verwechseln mit einem schlafähnlichen Dämmerzustand oder einem inhaltlosen Dösen. Gerade die besondere Aufmerksamkeit für die beteiligten körperlichen Vorgänge und damit verbunden auch für Gefühlsinhalte verleiht dem Hypnoid seine unverwechselbare Qualität.

Physisch ist der Zustand des Hypnoids durch folgende Umschaltungen gekennzeichnet: Die Skelettmuskulatur ist in ihren funktionellen Bezugspaaren, den sogenannten Antagonistenpaaren, erschlafft. Wir sprechen von einer Tonusminderung und meinen damit die Herabsetzung der ständig vorhandenen Spannkraft der Muskulatur, die für den tätigen Organismus notwendig ist. Die Blutgefäße, besonders an der Peripherie, sind entspannt und nehmen mehr Blut auf. Die Blutverteilung im Körper ist gleichmäßiger, alle Körperabschnitte haben einen reichlichen Blutzufluß, der sich subjektiv in einer wohltuenden Wärmeempfindung ausdrückt. Die rhythmischen Leistungen der biologischen Aktivität, nämlich Atemfunktion und Herztätigkeit, sind auf einen ausreichenden Ruhegang eingependelt und arbeiten mit geringer Intensität, aber größtmöglicher Effektivität. Dies wird subjektiv erfahren als wohltuende Ruhe und rhythmische Ausgewogenheit. Der gesamte Bauchraum kommt durch vegetative Entspannung zu einer gleichmäßigen, unverkrampften Eigenaktivität in sparsamer Verwendung der Mittel. Dies führt subjektiv zu dem überraschenden Ergebnis, daß ein im ganzen unbewußter Bereich unseres Körpers sich durch kleine Zeichen bemerkbar macht und angenehme Gefühle produziert. Der Kopf nimmt an den vegetativen Umschaltungen selbst nicht teil. Schultz fand den treffenden Ausdruck vom kühl abkonzentrierten Kopf, d. h. das Gesamterlebnis des Übenden ist nicht ein »kopfloser« Zustand. Die im Denken und Vorstellen in Erscheinung tretende Hirntätigkeit ist allerdings zurückgestellt oder ganz aufgehoben. An die Stelle konzentrierter Denkarbeit ist die ruhige Betrachtung des Körpers in seiner Selbstwahrnehmung getreten. Spontane Einfälle verlieren sich. Der im Training ruhende Mensch nimmt sich mit allen Sinnen wahr, aber er reflektiert nicht über sich. Der Wille als komplexe Leistung der Persönlichkeit in bezug auf die eigene Person ist nicht ausgeschaltet, sondern in vorzüglicher Weise mit der Herstellung und mit dem Durchhalten dieses angenehmen Seinzustandes beschäftigt. Er ist es auch, der sich selbst das Ziel setzt und den Impuls für den Ausstieg aus dem Autogenen Training gibt. Die sinnreiche Technik der sogenannten »Zurücknahme« gestattet dem Übenden, sich aus freier Willensentscheidung entgegen dem wohligen Lebensgefühl zur Beendigung der Übung zu entschließen und die hierfür notwendigen Techniken anzuwenden.

Die Methode des Autogenen Trainings bietet erstmalig eine brauchbare Alternative zu den bekannten und immer nutzlosen Versuchen, körperliche oder seelische Mißstände durch »Beherrschung« oder eine ähnlich angestrengte Willensleistung zu beheben. Nicht Beherrschung ist der Weg, Mängel zu beseitigen oder überschießende, fehlgeleitete Aktivität zu bremsen, sondern das Essentielle der Selbstverfügung im Autogenen Training, das dem freien Willen des Menschen genug Spielraum läßt, um darin die Grenzen seiner Möglichkeiten ausweiten und die Qualitäten seines leib-seelischen Vermögens verbessern zu können. Es spricht für die Qualität des Autogenen Trainings, daß sich sportliche Höchstleistungen auf diesem Wege und ganz im Gegensatz zu einem verbissenen Intensivtraining müheloser und im Ergebnis befriedigender erreichen lassen.

Die Methode des Autogenen Trainings stellt das erste und bis heute unübertroffene Verfahren dar, die heilsamen Wirkungen einer flachen Hypnose, also des Hypnoids, zu beliebig häufiger, täglicher und unabhängig von äußeren Umständen brauchbarer Anwendung zu bringen. Wer das Autogene Training vollständig und zuverlässig erlernt hat, verfügt über eine Umgangsweise mit sich selbst, die im Bereich der Behandlung von Krankheiten, aber auch im Bereich der Möglichkeiten, das Leben nach außen und innen zu bestehen, ihresgleichen nicht hat.

Sehr häufig wird der Yoga als vergleichbar oder gar überlegene Technik angepriesen. Der Yoga unterscheidet sich vom Autogenen Training in grundsätzlichen Fragen methodischer Art und in praktischen Details. Ein wichtiges Unterscheidungsmerkmal ergibt sich aus der Tatsache, daß beide Verfahren völlig verschiedenen Kulturkreisen und anderen inneren Zielsetzungen angehören. Eine ausführlichere vergleichende Darstellung beider Verfahren folgt an späterer Stelle.

In den Anfangsjahren nach der Veröffentlichung des Autogenen Trainings wurde nicht nur bei den Ärzten, die schon mit der Methode vertraut waren, sondern auch bei den ersten Schülern unter dem Eindruck der universellen Erfahrung wohltuender Ruhetönung und der Schwere- und Wärmeerlebnisse das Bedürfnis laut, das Autogene Training möglichst vielen Menschen nahezubringen. Schultz hat seine ersten großen Versuchs- und Erprobungsreihen an einer Berliner Schule gemacht. Als bekannt wurde, daß fast jeder Mensch, der Interesse und Ausdauer für das Erlernen des Autogenen Trainings aufbrachte, schon nach kurzer Zeit über angenehme Wirkungen zu berichten wußte, ging die Arbeit mit dem Autogenen Training schnell in die Breite. Dieser Trend hält unvermindert an. Volkshochschulen, Erholungsheime, Sanatorien und ähnliche Institutionen bieten Einführungskurse in das Autogene Training. Von daher empfangen Interessierte die Impulse, von sich aus an dieser Methode weiterzuarbeiten. Es gibt an vielen Orten in Deutschland, in Österreich und der Schweiz, ferner in der DDR sowie sporadisch auch im westlichen Ausland erfahrene Ärzte und Psychologen, die die Methode beherrschen und sie vorwiegend in Gruppenarbeit weitergeben.

Bei dieser Lage ist es von Nutzen, die Lehrpraxis im Autogenen Training einer kritischen Betrachtung zu unterziehen.

Wir verfügen über eine Reihe genau definierter medizinischer Heilanzeigen für die Anwendung des Autogenen Trainings. Wir kennen ferner eine kleine Zahl von Gegenanzeigen, die es ratsam erscheinen lassen, einen Versuch mit dem Autogenen Training zu unterlassen. Und es gibt schließlich ein einziges ernsthaftes Indikationsgebiet, wo sich das Autogene Training strikt verbietet: das ist die akute Psychose. Überdies gibt es Einschränkungen für die Anwendung des Autogenen Trainings bei einigen schweren Krankheiten. Wenn man aber von all diesen genau festgelegten Richtlinien absieht, ist die Mehrzahl der Menschen imstande, Autogenes Training zu erlernen, und diese Menschen werden auch ohne Krankheitssymptom mit Hilfe des Autogenen Trainings verschiedene leib-seelische Verfassungen richtungsweisend und nachhaltig im Sinne einer Harmonisierung beeinflussen.

Von diesen Gegebenheiten wird jede Unterweisung im Autogenen Training ausgehen müssen. Es macht einen Unterschied, ob die Insassen eines Sanatoriums für die Dauer ihres Aufenthaltes mit Nutzen in die Grundübungen des Autogenen Trainings eingeführt werden, oder ob ein einzelner Mensch oder eine ausgewählte Gruppe von Menschen mit gleicher Bedürfnislage, sei sie medizinisch oder allgemein psychohygienisch verstanden, in gezielter und vollständiger Unterweisung in das Training eingearbeitet werden sollen. Daraus geht hervor, daß man eine uniforme Lehrpraxis für alle nicht fordern kann. Wir wollen im einzelnen die verschiedenen Lehrweisen näher betrachten. Die Unterrichtung im Autogenen Training, etwa im Rahmen von Volkshochschulkursen, trägt dem Umstand Rechnung, daß eine weithin bekannte Methode mit den daran geknüpften Hoffnungen an eine Stabilisierung und Harmonisierung der eigenen Befindlichkeit überwiegend unter dem Gesichtspunkt eines standardisierten Lernprozesses steht. Grundsätzlich kann jeder Autogenes Training lernen – also ist auch das Training lehrbar mit einer gezielten Ausrichtung auf Zahl und Zusammensetzung sowie auf die Erwartungen und Bedürfnisse derjenigen, die es lernen wollen. Im allgemeinen Kurs kann sich ein Lehrer darauf beschränken, das Besondere des Verfahrens theoretisch darzulegen und die Schüler in erste eigene Erfahrungen mit dem Training einzuführen. Es leuchtet ein, daß es den Rahmen eines solchen Kurses sprengen würde, wenn die Methode in ihrer ganzen Breite aufgerollt und damit die Lernenden und die Zuhörer mit zu viel Details belastet werden. So ist es für einen allgemeinen Einführungskurs – etwa im Rahmen einer Volkshochschule – völlig ausreichend und sehr zweckdienlich, wenn die Teilnehmer in gedrängter Form das Wesentliche des Verfahrens dargestellt bekommen und im übrigen ausreichend Gelegenheit haben, sich selbst im Ruheerlebnis sowie in der Schwere- und Wärmedarstellung kennenzulernen. Die Unterrichtung in der Gruppe profitiert dabei von einem bekannten Gruppengesetz, nämlich der Verstärkung in der Gruppe. Ein Teilnehmer gewinnt aus den Selbstaussagen anderer Teilnehmer für sich Anregungen und Bestätigungen. Eine bekannte Gefahr muß vermindert oder ausgeschaltet werden. Immer befinden sich in jeder Gruppe ängstliche und hinsichtlich ihrer Fähigkeiten skeptische Menschen, die leicht mit dem Erlebnis des eigenen Versagens konfrontiert werden können. Der Lehrer im Autogenen Training sollte stets daran denken und von Anfang an bemüht sein, diese oft besonders lernwilligen und interessierten Menschen davor zu bewahren, in eine Randposition abgedrängt zu werden. Es darf im übrigen vorausgesetzt werden, daß ein Lehrer im Autogenen Training, sofern er Gruppenunterricht gibt, über einige fundamentale Gruppengesetze informiert ist. Zwar besteht die Vermittlung des Lernstoffes zunächst in der Weitergabe von Fakten. Dennoch ist jede lernende Gruppe auch eine sich erlebende und eine in ihren Gliedern miteinander agierende Gruppe. Das gilt für eine autogen trainierende Gruppe genauso wie für jede andere Gruppe. Der im Ergebnis seiner Übung nachhinkende Teilnehmer muß gründlich gestützt, also gerade in seinem von ihm selbst skeptisch beurteilten Ergebnis bestätigt werden, wenn er nicht aus der Gruppe ausscheiden soll.

So wird Autogenes Training gelehrt

Leistungsdruck und Leistungsstreben spielen im Einzel- und im Gruppenunterricht eine enorme Rolle. Es ist ein besonderer Lerninhalt und eine Einstellungskorrektur im Autogenen Training, daß der Trainierende sich weithin freimacht von Leistungsvorstellungen. Die Gefahr, in die gewohnten Normierungen und Vergleichssetzungen zu geraten, ist natürlich in der lernenden Gruppe größer als im Einzelunterricht. Die Abschirmung des Übenden gegen sein eigenes Leistungssoll oder das ihm von außen aufgezwungene Leistungssoll in einer Gruppenarbeit ist im Rahmen eines Einführungskurses mit vielen Teilnehmern aktueller und zugleich schwieriger als in einer homogenen Kleingruppe; das Problem ist kleiner im Einzelunterricht.

Das Autogene Gruppentraining unter Anleitung eines Arztes im Rahmen einer Sanatoriumskur ist, abgesehen von der speziellen Zielsetzung des Autogenen Trainings selbst, eine vorzügliche Methode, die nachteiligen Wirkungen eines Sanatoriumsaufenthaltes auf die Aktivität der Kurgäste zu beheben. Das Autogene Training verliert nichts von seiner Bedeutung, wenn es zuweilen im Rahmen solcher Sanatoriumsveranstaltungen neben andere gruppenfordernde und teils aktivierende, teils ablenkende Veranstaltungen gestellt wird. Das Besondere am Gruppentraining im Sanatorium liegt wohl in der Einbeziehung der Trainingsarbeit in den Gesamttherapieplan. Beispielsweise zählt das Autogene Training in einer Kuranstalt für Herz-Kreislauf-Kranke zu den Methoden, auf die man nicht mehr verzichten möchte. Der Unterricht im Rahmen der Intensivbehandlung einer Kuranstalt oder eines Sanatoriums wird zentriert sein auf die Grundkrankheit der anwesenden Kurgäste und auf die hervorstechenden Symptome, die beim Training mitbehandelt werden. Es ist also klar, daß ein Unterricht dort völlig anders aussieht als in einer bildungsfördernden Veranstaltung nach dem Modell des Volkshochschulkurses. Der Unterricht im Sanatorium kann noch mehr auf theoretische Grundschulung verzichten und unmittelbar die medizinische Problemlage zum Ausgangspunkt nehmen. In der Reihenfolge der Einzeleinstellungen im Autogenen Training muß der Unterricht im Sanatorium von einer Hintansetzung derjenigen Einstellung ausgehen, die für die zu behandelnde Krankheit entscheidend ist. Es ist nötig, dem Leser allgemein einen Hinweis auf diese Unterscheidungen zu geben, weil es vorkommt, daß die Teilnehmer eines Sanatoriumskurses sich an ihrem Heimatort im fortgesetzten Einzel- oder Gruppenunterricht nicht ganz zurechtfinden. Der Lehrer im Sanatorium und der Lehrer oder Therapeut in der nachfolgenden Weiterunterweisung und Behandlung können vorwegnehmend und nacharbeitend jeweils dieser begründeten Modifikation Rechnung tragen.

Was von den Sanatoriumsgruppen gilt, hat verstärkte Bedeutung für bestimmte Krankenhausgruppen, wo akute Krankheiten unter Umständen neben der sonstigen Therapie mitbehandelt werden. Als Lehrer des Autogenen Trainings in Einzelbehandlung und Kleingruppen im Klinikrahmen würde ich die Patienten vor der Entlassung eingehend auf die Notwendigkeit, aber auch auf die Form der weiteren Arbeit am Autogenen Training hinweisen. Eine Zusammenarbeit zwischen dem Arzt, der die Erstunterweisung vorgenommen hat, und dem Arzt, der die Weiterführung übernimmt, sollte sich aus Prinzipien der ärztlichen Teamarbeit von selbst verstehen.

Eine heikle Frage der Lehrpraxis darf nicht unerwähnt bleiben. Bei aller methodischen Konzentration des Verfahrens auf ein übersichtliches Arbeitsschema kann es nicht ausbleiben, daß jeder Arzt das Autogene Training mit einer gewissen eigenen Note lehrt. Wenn ein im Training schon eingeführter Patient von einem neuen Arzt übernommen wird, sollte sich dieser genau berichten lassen, wie das Training vorher gehandhabt wurde. Es ist nicht nur eine Frage der Kollegialität, die es verbietet, die Methode des Kollegen zu disqualifizieren, sondern auch eine Frage der Einsicht in die Variabilität des Verfahrens, die ohne Schaden viele Sonderanweisungen und Hilfestellungen zuläßt. Nur wenn der zweite Lehrer genau im Bilde ist, was vor ihm an anderer Stelle vermittelt wurde, kann er sich mit seiner Lehrpraxis des vorhandenen Fundamentes zum Nutzen des Patienten bedienen. Es genügt nicht, wenn der Patient lakonisch berichtet, daß er schon Autogenes Training geübt habe. Wenn der Patient nicht weiß, daß sein neuer Arzt mehr Informationen braucht, so sollte der Arzt von sich aus alles Nötige erfragen. Eine Anamnese bezüglich des Autogenen Trainings ist eine Forderung, der manche Lehrer offenbar noch zu wenig nachkommen. Falls im Erstunterricht Protokolle geführt wurden, sollten sie fortgesetzt werden, auch wenn das Protokollieren sonst nicht zur Methode des betreffenden Arztes gehört. Andererseits kann ein den Unterricht fortsetzender Arzt seinen Wunsch nach Protokollierung durchsetzen, ohne das Fehlen des Protokollierens in der vorausgegangenen Unterweisung zu diskreditieren. Diese Mahnungen entspringen einer jahrelangen gründlichen Befragung von Schülern und Patienten. Es wurden dabei Mißverständnisse ausgeräumt und dem Training größere Möglichkeiten eröffnet.

Die Einzelunterweisung im Autogenen Training bietet eine Möglichkeit, die bei einer Gruppe und erst recht bei einem Kursus mit großer Teilnehmerzahl nicht genutzt werden kann. Im Rahmen einer Einzelunterweisung kommen nebenbei Dinge zur Sprache, die dem erfahrenen Arzt Einblicke geben in die Persönlichkeitsstruktur seines Patienten oder Schülers. Wie viel und was er davon im Unterricht oder in der Therapie nutzbar macht, gehört zu seinen bevorzugten ärztlichen Möglichkeiten.

Keine Lehrpraxis kann darauf verzichten, gleich zu Beginn

den Lernenden die lange Kontinuität der Arbeit mit dem Autogenen Training nahezubringen. Eine einleuchtende, allgemein verständliche Beziehungssetzung macht anstelle vieler Worte folgendes klar:

Wie Radfahren und Schwimmen, also ein Können in psychophysischer Zusammenarbeit, in lebenslanger Betätigung erworben und auch in der Vollendung nur durch fortgesetztes Üben erhalten werden kann, so ist das Autogene Training ein Zugewinn an psychophysischer Erlebnisfähigkeit und Gestaltungsarbeit. Ein Training, das nur für die Dauer eines Sanatoriumsaufenthaltes unter dem schiefen Gesichtspunkt eines Zeitvertreibs erlernt wird, muß fragmentarisch bleiben. Es gibt erfahrungsgemäß immer noch Menschen, die nach Jahren bei anderer Gelegenheit einem Arzt mitteilen, daß sie einmal auch das Autogene Training geübt haben. Solche Bekenntnisse deuten darauf hin, daß sich der Betreffende das Autogene Training nur bruchstückhaft und damit ohne Nutzen angeeignet hat.

So wird Autogenes Training geübt

Der Anfänger im Autogenen Training wird gleich zu Beginn darüber aufgeklärt, daß die Grundvoraussetzung dieser Methode im Selbstüben liegt. Mit autogen wird nicht nur die spezielle Wirksamkeit des Trainings im Gegensatz zur Fremdhypnose umschrieben. Autogen ist auch die Aneignung der Methode selbst. Der Lehrer im Autogenen Training kann nur den Rahmen aufzeigen, das notwendige Rüstzeug vermitteln und den Verlauf steuernd, helfend und korrigierend beeinflussen. Die Beherrschung dieser Methode bis zur Virtuosität ist das Ergebnis einer kontinuierlichen, ausdauernden und geduldigen Arbeit des Übenden selbst.

Der Lernende und Übende im Autogenen Training bedarf der Einsicht vom Einstieg her, daß wesentlich er selbst es ist, der sich eine Methode aneignet und sie zu *seinem* Training ausbaut. Wohlverstanden – der Lernende entwickelt nicht seine eigene Methode, sondern er übernimmt eine Methode zum privaten Gebrauch; er verinnerlicht die hier zu gewinnenden Erlebnisse, vertieft sie in fortgesetzter geduldiger Kleinarbeit und setzt all das in eine feste Beziehung zu seiner Gesamtpersönlichkeit.

Praktisch zeigt sich der Erfolg bereits daran, daß der Lernende sehr bald bestimmte Schwerpunkte gewinnt, die ihn innerhalb der gleichen Methode von anderen Übenden unterscheiden. Jede der sechs Einstellungen der Unterstufe des Autogenen Trainings kann für den einzelnen zur zentralen Einstellung seines Trainings werden. Jeder hat seine Lieblingsformel.

Schon im Lernprozeß und erst recht im weiteren Übungsverlauf erfährt der Übende, daß ihm einzelne Einstellungen besser gelingen als andere. Er wird je nach Leistungsverlangen anfangs sogar irritiert sein und daraus den Schluß ziehen, daß ihm die eine oder die andere Übung offenbar gar nicht oder nur schlecht gelingt. Diese subjektive Auffassung kann objektiv völlig falsch sein. Es ist Aufgabe des Lehrers, hier erklärend und stützend einzugreifen, während der Schüler solche Erfahrungen sofort mitteilen und zur Diskussion stellen sollte. Jede verschämte Heimlichkeit mit dem Wunsch im Hintergrund, die Sache doch noch hinzubiegen, schadet der Sache und erschwert den weiteren Übungsverlauf.

Die Erkenntnis des Lernenden, daß er mit dem Autogenen Training entscheidend seine eigene Sache vertritt, bedarf einer einfühlenden Unterstützung durch den Lehrer. Bei jeder Gelegenheit kann der Schüler auf dieses innere Beziehungsverhältnis hingewiesen werden. Sich im Lernprozeß so einzurichten, daß die täglichen kurzen Übungszeiten einen gesicherten Platz im Tagesablauf einnehmen, ist von außerordentlicher Bedeutung für ein gutes Gelingen und für die fruchtbare Weiterarbeit über Jahre hinweg, wichtiger noch als viele andere Faktoren.

Dem gesicherten Platz für das Autogene Training im äußeren Lebensablauf muß aber ein »innerer Ort« beim Übenden entsprechen: die echte, ungezwungene Einwilligung, weiterzugehen. Ein inneres Verlangen nach den gewohnten Trainingsminu-

27

ten, zwei- oder mehrmals am Tage, sind untrügliche Beweise für jene innere Bereitschaft, die zur bewußten Zustimmung hinzukommen muß. Und bei allem muß der Übende bereit sein, es geschehen zu lassen. Was ist dieses »es«? Jede der standardisierten Formeln oder Einstellungen in der Unterstufe des Autogenen Trainings ergeht an den zur Ruhe bereiten Organismus wie eine freundliche Einladung. Wir verstehen, daß jedes Muß, jeder Befehl, auch in verhüllter imperativer Rede, dem Prozeß der völligen Relaxation einen Sperr-Riegel vorlegt. Mit jeder Formel kann die erweiterte Vorstellung verbunden werden, die das Unerwartete kommen läßt. Wenn es gleich zu Beginn heißt: »Ich bin ganz ruhig«, so darf die daran geknüpfte Erwartung den Wortgehalt sinnvoll etwa so weiterführen: Wenn ich mir vorstelle, ich bin ganz ruhig, nun, was geschieht dann? Und der in sich einkehrende, die Ruhe erwartende Mensch findet Ruhe und Unruhe, verteilt, sich ablösend, er erlebt den Ablauf der Ruhigstellung in Etappen. Falls er keine schlagartige Veränderung fordert, sondern geschehen läßt, was geschehen will, dann erlebt er in Minuten den Übergang vom Nichtruhen (auch in Teilbereichen) zur Ruhe. Sie kam, nicht weil sie erzwungen wurde, sondern weil der Übende warten konnte, bis sie kam.

Nicht wenige Schüler müssen »ihr Training« gegenüber der Familie oder anderen Bezugspersonen abschirmen. Wenn dies der Fall ist, scheint mir eine grundlegende Einstellung am Anfang versäumt worden zu sein. Autogenes Training, abseits und heimlich durchgeführt, kann dauerhaft nicht gelingen. Der Übende soll zu seinem Training stehen. Negative Einschätzungen der Methode beruhen, da wir hier keine unerprobte Modeneuheit vor uns haben, auf Unkenntnis. Kein Schüler im Autogenen Training hat Grund, sich von irgend jemandem irremachen zu lassen, auch nicht von jenem Ordinarius der Psychiatrie, einem Psychotherapeuten, der geäußert haben soll, das Autogene Training sei Sache der Masseure. Ich selbst habe wiederholt hören müssen, daß Patienten unter meinen Schülern von ihren Hausärzten höhnisch oder kühl-skeptisch gefragt wurden: »Sie lernen bei *dem* autogenes Training? Ja, glauben

Sie denn daran, das ist doch Blödsinn!« In meinen Kursen polemisieren wir nicht gegen Unwissende und setzen unsere Arbeit fort. Das möchte Schule machen.

Entmythologisiertes Autogenes Training

Die Überschrift läßt erwarten, daß es um das Autogene Training einen Mythos oder Mythen gibt, nebulose Vorstellungen davon, was das Autogene Training methodisch ist, was es leistet und was in überhöhter Erwartung vom Autogenen Training gefordert werden könnte.

Die Mythenbildung hat zwei Kristallisationskerne: zum einen in der breiten Ärzteschaft, zum anderen in der Öffentlichkeit. Trotz vieler Veröffentlichungen in verschiedenen ärztlichen Fachzeitschriften und ungeachtet der breiten Wirkung regelmäßig und vielerorts stattfindender Ärztekurse im Autogenen Training gehen die meisten Ärzte achtlos an dieser erprobten Therapie vorüber. Es hat eine Zeit gedauert, bis das Autogene Training in der amtlichen Gebührenordnung für Ärzte eine eigene Gebührenziffer erhielt. Trotzdem fehlt weithin das Bewußtsein, daß das Autogene Training eine ärztliche Behandlungsmethode spezifischer Art ist. Eine Geburt, eine Bluttransfusion, die Schienung eines Knochenbruchs, eine Zahnextraktion sind allgemein verstandene und außer Diskussion stehende ärztliche Leistungen. Warum verhält es sich beim Autogenen Training anders?

Ist das Autogene Training ein Hokuspokus? Für manche Ärzte mag es wohl so scheinen. Andere fassen die Methode des Autogenen Trainings höchst unkritisch als eine Art Entspannungsgymnastik auf, die sie aufgrund eines Mißverständnisses bei den Krankengymnasten unterbringen. An diesem Punkt endet ihre Auseinandersetzung mit dem Autogenen Training.

Das Autogene Training ist durch seinen Begründer und die ersten Schüler lange Zeit eine Sache der Nervenärzte und Internisten gewesen. Viele praktische Ärzte folgten, Frauenärzte interessieren sich in zunehmendem Maße dafür – und dennoch:

In die Gesamtmedizin ist das Autogene Training nicht integriert. Die medizinischen Fakultäten haben in der Mehrzahl keinen festen Platz dafür in ihren Lehrplänen.

Die Mythenbildung des Autogenen Trainings in der Laienwelt hat hauptsächlich zwei Quellströme. Das beliebteste aller Gesprächsthemen, die Krankheiten, bringt Menschen zusammen, von denen der eine Autogenes Training gelernt, während der andere – obwohl leidend und unbefriedigt von den Hilfen der apparativen Medizin – noch nichts davon gehört hat. Die mündliche Überlieferung, seit je Garant blühender Mythenbildung, erweckt im Neuling große Erwartungen. Sein Gesprächspartner nannte positive Ergebnisse. Wird auch ihm, der unter einem unverminderten Leidensdruck steht, mit Autogenem Training geholfen werden? Sofort kommen Ängste auf hinsichtlich der Leistungsanforderungen, denen man vielleicht nicht gewachsen ist. Der Wunsch, sein Leiden loszuwerden, gewinnt die Oberhand. Das Gespräch endet in der Regel mit der Weitergabe einer Adresse. Und dann geht es oder es geht nicht, wer weiß – dieses Buch nun will zeigen, daß das Sinnreiche einfach und klar, seine Aneignung für manchen jedoch schwierig ist.

Die andere Quelle nebuloser Vorstellungen über das Autogene Training sprudelt aus jenem Sammelbecken überreicher Papierflut, die wir die Massenmedien nennen. Gute und bessere Aufsätze belehren den Leser über das Autogene Training. Doch hilft dem Leser gerade das am wenigsten, was die jeweiligen Schreiber für das Wichtigste halten: ein langer Katalog der Leiden, gegen die das Autogene Training seine segensreiche Wirkung entfaltet. Von Nutzen ist daran aber nur, ähnlich wie bei den populären Sendungen des Hör- und Bildfunks, daß sie die Anfragenden an die Deutsche Ges. für ärztliche Hypnose und Autogenes Training e. V., 65 Mainz, Langenbeckstraße 1 (Prof. Dr. D. Langen) verweisen. Diese Gesellschaft und der Autor können Interessenten Namen und Adresse des zunächst wohnenden Lehrers im AT nur vermitteln, wenn der Anfrage ausreichendes Rückporto beiliegt.

So stünde doch alles zum besten – wozu also die Klage über

mythische Vernebelung? Es gibt leider nur wenige kritische Menschen, die nach der zufälligen Erstinformation die Initiative ergreifen und von sich aus einen AT-Lehrer suchen. Im ganzen Land nämlich gibt es Einrichtungen, Einzelpersonen und Ausbildungsinstitute, die unter mißbräuchlicher Verwendung des Originaltitels und des Namens seines Begründers undurchsichtige »Totalentspannung« oder andere Methoden anpreisen. Die genannte ärztliche Gesellschaft geht in Einzelfällen der Sache nach, aber nur wenige nachweisliche Kurpfuschereien können mit den geltenden Gesetzen unterbunden werden.

Zunächst eine Kurzfassung der Methode:

Das Autogene Training nach Professor J. H. Schultz ist eine methodisch exakt aufgebaute und gesteuerte Selbsthypnose. Das Autogene Training leitet sich von der ärztlichen Hypnose ab. Es soll nach immer noch gültigen strengen Maßstäben nur von Ärzten vermittelt werden. Jeder Unterweisung hat eine körperliche Untersuchung (evtl. durch einen anderen Arzt) voranzugehen. Das Autogene Training ist eine differenzierte Behandlung vegetativer Vorgänge im Körper, deren Fehlfunktion durch Rückführung auf das harmonische Gleichgewicht der Regler (Sympaticus – Parasympaticus) behoben wird. Die Mittel dieser Umschaltung sowie einer ganz generellen Ruhestellung und Ökonomie der Funktionen sind psychologisch-pädagogische. Die Verwendung von Autosuggestionen bewirkt das Hypnoid, eine flache Hypnose mit gesenkter Bewußtseinslage und nach innen gekehrter wacher Aufmerksamkeit. Aufbau, Einarbeitungszeit und Fortführung unterliegen lernpsychologischen Voraussetzungen. Die Rolle des Lehrers ist die eines fortgeschrittenen Kollegen in der gleichen Materie. Seine Mittel sind Austausch in der Diskussion, Rat aus eigener und von Dritten empfangener Erfahrung und intensives Eingehen auf die Eigenheiten und Bedürfnisse des Lernenden. Er überschreitet seine Lehrbefugnis, wenn er dem Schüler methodisch starre, wesensfremde Bilder aufdrängt. Hier würde er mit Hilfe des Autogenen Trainings zu herrschen beginnen und in bedenkliche Nähe zum Schamanen und Hexenmeister rücken.

Drei Vorbedingungen

Als angewandte Physiologie des vegetativen Nervensystems, wie das Autogene Training auch verstanden werden kann, bedarf ein solches Experiment optimaler Versuchsbedingungen. Die Raum- und Zeitwahl, die Herstellung einer zweckentsprechenden Körperlage und die Einleitung mit weitgehender bewußter Lockerung bilden eine unerläßliche Vorbedingung. Auch ist es notwendig, das Training in eingeübter, stets gleichbleibender Weise abzuschließen.

Raum und Zeit für das Üben

Zunächst ist vorwegzunehmen, daß bei der Durchführung des Trainings in Gruppen bestimmte Voraussetzungen hinsichtlich des Raumes beachtet werden müssen. Ein geeigneter Raum zum Üben in der Gruppe soll so groß sein, daß alle Teilnehmer, ohne sich beengt zu fühlen und sich gegenseitig zu behindern, auf dem Boden ausgestreckt Platz finden. In manchen Gruppenunterrichten sitzen alle Teilnehmer in bereitgestellten Sesseln oder liegen auf vorhandenen Liegestühlen. Fast jeder Lehrer im Autogenen Training greift hier auf seine eigenen Erfahrungen und seine bevorzugten Hilfsmittel zurück. Ich stelle, auch in der Gruppe, jedem Teilnehmer völlig anheim, ob er liegen oder sitzen will, wenn er schon entsprechenden Unterricht hatte. Neuanfänger unterrichte ich grundsätzlich im Liegen. Die Begründung hierfür erscheint mir einfach: Der liegende Mensch hat die geringsten Schwierigkeiten, sich völlig zu entspannen. Im Einzelunterricht gehe ich so vor, daß ich mir in der ersten Stunde einer informativen Einführung in das Autogene Training vom Lernenden zeigen lasse, wie er ohne Autogenes Training zu liegen pflegt und in welcher Lage er die beste Entspannung empfindet. Von dieser Selbstdarstellung her leite ich den Übenden an, eine gelockerte Rückenlage zu finden, die für kurze Zeit auch dann eingehalten werden kann, wenn er üblicherweise eine andere Lage bevorzugt, etwa eine gelöste Seitenlage mit nicht aufeinandergelegten Armen und Beinen und leichter Krümmung des Rückens (»Embryonalhaltung«). Die gefundene, gelöste Rückenlage: mit leicht voneinander gespreizten Beinen und auseinanderfallenden Fußspitzen, im Ellbogen gelockerte Arme, die neben dem Körper liegen; der Kopf liegt mit oder ohne Unterstützung einer flachen Kopfstützte gelöst in der Symmetrieachse. So stellt sich der Liegende wie schlafbereit und völlig entspannt dar. In dieser Haltung kann das Training für wenige Minuten nach meiner Erfahrung von jedem Schüler durchgeführt werden. Ganz wenige Ausnahmen sind auch mir bekannt. Bei Frauen zeigt sich dabei häufig das dem Standard konträre Bedürfnis, die Fußspitzen einwärts (zueinander) fallen zu lassen. Diese Stellung wird als Entlastung für die Innenseite der Oberschenkel beschrieben. In solchen Fällen gehe ich auf jeden Wunsch ein, wenn er begründet ist und nachher sichtbar zur Herstellung der gewünschten Entspannungseffekte beiträgt. Dabei ist die oben beschriebene Embryonalstellung noch die weitaus häufigste unter allen Abwandlungen.

Der Übungsraum soll außer der genügenden Größe noch möglichst geräuschfrei sein. Am besten geeignet sind von der Straße abgelegene hofseitige Zimmer oder – wenn vorhanden – Zimmer im Kellergeschoß des Hauses. Weiterhin soll der Raum vom grellen Sonnenlicht abgeschirmt sein und über eine indirekte schwache Beleuchtung verfügen.

Beim Gruppenunterricht sind diese Bedingungen nicht immer ideal zu finden. Wichtig ist in jedem Fall, daß unmittelbare Störungen von draußen vermieden werden. Es hat sich gezeigt, daß starker Lärm von draußen weniger stört als das unvermutete Auftauchen von potentiellen Störern unmittelbar vor der Tür des Übungsraumes. Vorteilhaft ist, auch für die zu Hause allein übende Person, das Anbringen eines Hinweisschildes an der Tür.

Einzelübende erhalten für zu Hause die Anweisung, sich mit Familienmitgliedern im Hinblick auf die stattfindenen Übungen in einem dafür bezeichneten Raum zu verabreden und so unerwartete Störungen auszuschalten. Hier genügt es, wenn der Übende sagt, er mache jetzt sein Training. Auch ein verabredetes Zeichen an der Tür erfüllt diesen Zweck. Besonders schwierig ist es, eine wirklich unabwendbare Störung zu bewältigen. Hierzu zählt zunächst die Störung durch das Telefon, wenn der Übende sicher ist, daß außer ihm niemand an den Apparat gehen kann. Er erhält schon in der Anfangsinstruktion den Rat, beim ersten Klingelzeichen ruhig und ohne Hast die Übung zu beenden und sich zum Telefon zu begeben, was unter normalen Bedingungen bis zum dritten oder vierten Klingelzeichen gelingt. Der Übende muß im Verhältnis zum Telefon eine ruhige, autonome Sicherheit seiner selbst gewinnen und das Telefon als Sachbezug anerkennen; er darf es nicht als eine die Person störende, in seine Übung hineinschrillende Einrichtung verinnerlichen. Schließlich ist zum Raum zu sagen, daß die Temperatur über ein gesundes, auch sonst erträgliches Mittelmaß nicht hinausgehen darf. Überheizte Räume eignen sich überhaupt nicht für das Training. Schlecht belüftete, verrauchte Räume sind ebenso ungeeignet wie zu kühle Räume. Bei der Einzelübung kann für wenige Übungsminuten auch ein kühler und frischer Raum verwendet werden, vorausgesetzt, daß der Übende eine leichte Decke bereithält, mit der er die Füße und Beine bis zur Leibesmitte bedeckt, die Arme aber außerhalb liegen läßt.

Viel Aufmerksamkeit erfordert im Einzel- wie auch im Gruppenunterricht der Zeitfaktor. Es gibt keine verbindlichen Übungszeiten für das Autogene Training; es ist aber allgemein wichtig, daß jeder Einzelne ein ziemlich gleichbleibendes zeitliches Stereotyp aufbaut, das ihm das regelmäßige Üben über Wochen und Monate erleichtert. Jeder muß in seinem Tagesablauf für die zweimal tägliche kurze Übung einen festen Platz finden.

Die Herausarbeitung eines zeitlichen Stereotyps im Tagesablauf ist lernpsychologisch gesehen eine der größten Hilfen, die

in den Lernprozeß des Autogenen Trainings mit Nutzen eingebracht werden kann.

Für berufstätige Menschen empfiehlt es sich, als erste wichtigste Übungszeit des Tages eine Stelle im morgendlichen Aufstehen rituell zu fixieren. Es bewährt sich in den meisten Fällen,
das Autogene Training nach dem Aufstehen und nach der Morgentoilette auf dem inzwischen abgekühlten Bett auszuführen.
Das Training kann auch in einem anderen Raum auf einer geeigneten Liege oder ganz generell in einem beliebigen, optimal geeigneten Raum auf dem Bodenteppich stattfinden. Das Wichtigste ist auch hier die Bedeckung der unteren Körperhälfte mit
einer leichten Decke. Der Neuling im Autogenen Training
braucht die Hilfe des Übungsleiters, wenn er solche optimalen
Übungszeiten im morgendlichen Ablauf vom Aufstehen bis zum
Verlassen des Hauses herauszufinden versucht. Hier ist eine ein-
gehende Unterhaltung über die Lebensgewohnheiten des Schülers ganz unerläßlich.

Für die obligate zweite Übung, die der Anfänger und auch
der mit der gesamten Unterstufe vertraute Schüler nach Möglichkeit einhalten sollte, wird ein Zeitpunkt irgendwo am späten
Nachmittag oder frühen Abend festgelegt, der sich mit den be-
ruflichen Gegebenheiten vereinbaren läßt. Es ist sehr genau zu
differenzieren, wann der Lernende von seiner Arbeitsstelle zu-
rückkehrt und wieviel Zeit ihm von der Rückkehr einschließlich
der Abendessenszeit bis zu seiner abendlichen Freizeit zur Verfügung steht. Es hat sich bewährt, in diesem Zeitraum das Training unterzubringen. Hierbei ist zu beachten, daß im Zustand
starker Ermüdung unmittelbar nach der Heimkehr die Übung
keinen günstigen Platz hat. Ich empfehle in den meisten Fällen,
daß der Lernende sich erst einmal ganz konventionell für zehn
Minuten ausruht, dann einer ablenkenden Beschäftigung nach-
geht und vielleicht für kurze Zeit in der eingegangenen Post,
in der Tageszeitung oder in Zeitschriften blättert. Dann aber
sollte er seinen gewohnten Übungsplatz aufsuchen und noch
vor dem Abendessen üben. Sollten Schüler darüber klagen, daß
sie nach der Rückkehr starken Hunger verspüren, müßte diesem

Umstand Rechnung getragen werden. Ein kleiner Imbiß genügt, um das starke Hungergefühl zu dämpfen. Sehr ungünstig ist, das muß hier schon vermerkt werden, wenn das Training im Zustand voller Sättigung versucht wird. Ein voller Magen kann das Training nicht vertragen. Ebenso ist das Üben im Zustand starken Hunger- oder Durstgefühls nicht zu empfehlen. Auf diese besonderen, im Leiblichen des Menschen begründeten Störfaktoren für das Training komme ich noch einmal zurück.

Die gefundenen Zeiten sind nicht als sklavisch starre Notwendigkeiten zu verstehen. Der Schüler muß wissen, daß das Einhalten bestimmter Zeiten eine besondere Hilfe ist. Unter anderen Verhältnissen kann es hilfreich sein, sich gerade nicht an die gewohnten Zeiten zu halten, sondern sich veränderten Umständen anzupassen. Dieser Fall tritt ein, wenn der Schüler sich außerhalb seiner eigenen Wohnung befindet, auf Reisen geht oder andere Menschen besucht, wo er die veränderten Verhältnisse entsprechend elastisch in seinen eigenen Übungsplan einbeziehen kann.

Für bestimmte Berufsgruppen stellen sich die Zeitverhältnisse ganz anders dar. So ist es für Hausfrauen sehr viel geschickter, das Training nicht in der oben bezeichneten Weise in die gedrängte Zeit des Morgenritus einzubauen, sondern zu warten, bis die Familie das Haus verlassen hat. Wenn der Mann im Geschäft, die Kinder in der Schule sind und viele Frauen in dieser Zeit überhaupt erst ihre Morgentoilette beenden oder sich ihre Arbeit einteilen, haben sie die meiste Ruhe und Zeit zur Selbstverfügung und können dann in einer frühen Vormittagsstunde sich einem völlig ungestörten, ausgiebigen Training widmen. Bei den Hausfrauen ist auch die entsprechende Nachmittags- oder Frühabendszeit zu überdenken. Das abendliche oder nachmittägliche Training wird dann besser vor der Rückkehr des Ehemannes oder der übrigen Familienmitglieder noch in völliger Ruhe und Zeitautonomie durchgeführt, weil erwartungsgemäß die Hausfrau nach der Rückkehr der gesamten Familie außerordentlich stark mit hausfraulichen Pflichten in Anspruch genommen ist.

Andere Zeitfaktoren ergeben sich für Menschen mit einem sehr unregelmäßigen Tages- und Wochenablauf. Hier lassen sich nur schwer allgemeine Richtlinien herausarbeiten. Die gemeinsame Richtschnur für Fälle dieser Art ergibt sich daraus, daß aus der Not eine Tugend gemacht wird, d. h., daß gerade das Zufällige und Unregelmäßige zum wesentlichen Gestaltungsmoment des Autogenen Trainings herangezogen wird. Um es an einem Beispiel zu zeigen: Ein Handlungsreisender etwa, der täglich mehrere hundert Kilometer im Wagen zurücklegt und jede Nacht an anderen Orten in ganz unterschiedlichen Hotels zubringt, wird sich zweckmäßigerweise eine Gelegenheit schaffen, jeweils vor der morgendlichen Abfahrt und nach der spätnachmittäglichen oder abendlichen Rückkehr in jedem beliebigen Raum mit Hilfe einer mitgebrachten Decke sich ganz auf die Übung auf dem Bodenteppich einzurichten. Er wird zunächst die Raumverhältnisse im Sinne einer Schallabsicherung, Lichtdämpfung und Absicherung gegen Störung von draußen für sein Training »herrichten«. Ist dies geschehen, kann er unbeschadet des täglichen Raumwechsels mit immer analog hergestellten Grundbedingungen ebenso reglmäßig und gründlich üben, wie das ein anderer in seinen eigenen vier Wänden tun kann. Voraussetzung ist auch hier die Herstellung von freien und mit angenehmen Gefühlsinhalten besetzten Vorstellungen. Gerade hier wird sich bewähren, ob der Übende das Autogene Training als ein ihm auferlegtes Soll empfindet oder ob er es als eine ihm zu Gebote stehende angenehme Möglichkeit ergreift.

Zur Zeitfrage wäre noch ein besonderes Wort in Bezug auf das Üben unter ungünstigen Bedingungen im Beisein oder nahen Beisein Dritter zu sagen. Ich kann an dieser Stelle das Problem nur kurz andeuten, weil Übungen unter extrem ungünstigen Bedingungen die völlige Beherrschung des Übens auch in der Sitzhaltung voraussetzen. Ich denke an Schüler, die sich den Zeitpunkt für ihre Übungen nicht aussuchen können und im Beruf in ein Dilemma geraten, wenn sie nicht die letzten Möglichkeiten klug ausschöpfen, um dennoch zu ihrem Training zu kommen. Das klassische Beispiel für diese schwierige Lage ist der in Konferenzen ermüdete Manager oder der lohnabhängige Arbeiter und Angestellte in Verhältnissen mit streng geregelter oder im Gegenteil wechselnder Arbeitszeit. Hier empfiehlt sich der Einschub einer zusätzlichen oder ersatzweisen Übungszeit, der Rückzug auf ein Kurztraining. Dieses ist jederzeit, für jeden Menschen und an allen Orten möglich: auf einer Toilette. Der Gang dahin wird von jedermann kritiklos respektiert. Der Übende findet sich dort für drei bis fünf Minuten in abgesicherter Situation. Bei völliger Beherrschung des Trainings in der Hockerstellung auf einer dafür geeigneten Sitzgelegenheit, wofür sich eben auch die geschlossene Toilettenschüssel bestens eignet, kann er sicher gegen jede Störung von draußen die Übung durchführen. Manager oder irgendwie sonst Gehetzte, im Arbeitsleben vielen Zufälligkeiten ausgesetzte Menschen gewinnen gerade hier durch die Wahrnehmung eines unauffälligen, nicht der Nachweispflicht unterliegenden Eigenverbrauchs an Zeit, wie ich das nennen möchte, die Möglichkeit, sich der ungeheuren Regenerationshilfe durch das Autogene Training zu versichern.

Abschließend zur Zeit und Raumfrage: Jeder Übende sollte schon zu Beginn des Kurses lernen, sich in diesen Fragen mit Details und eigenen Beobachtungen sofort an den Übungsleiter zu wenden, wenn Schwierigkeiten auftreten oder unbeachtete Schwierigkeiten überstark werden. In keinem Fall soll jemand versuchen, gegen vorhandene Schwierigkeiten und Widerstände anzuüben. Autogenes Training gelingt nicht im willentlichen Impuls und mit Anstrengung gegen ein Hindernis.

Die optimale Lage zum Üben

Die optimale Lage ist jeweils die für das Individuum optimale Lage. Es ist eine Hilfe für den Unterricht und für das Erlernen des Autogenen Trainings, daß die meisten Menschen es fertigbringen, in der entspannten Rückenlage mit ausgestreckten, leicht gespreizten Beinen, locker auseinanderfallenden Füßen, mit leicht angewinkelten, neben dem Körper aufgelegten Armen und flach ausgestrecktem Oberkörper und mit flachem Kissen unterstütztem Kopf zu üben. Einige wenige fühlen sich in dieser Lage äußerst unbequem. Es wäre verkehrt, ihnen diese Lage aufzuzwingen. Für die Vermittlung des Autogenen Trainings ist die Tatsache unerheblich, daß einzelne wenige eine andere Körperhaltung, zum Beispiel die embryonale Seitenlage, bevorzugen. Man kann in dieser Lage genauso gut das Training lernen, wie der Großteil aller Übenden es in der Rückenlage vermag. Ein geduldiges und tolerantes Eingehen auf solche Sonderwünsche erspart dem Übenden viel Not und Mühe. Die unnütze Quälerei von Schülern in Gruppenunterrichten, wo das gemeinsame Üben bisweilen in den Sitzreihen eines Kinos oder in den meist ungeeigneten, unbequemen Sesseln eines Vortragssaals versucht wird, ist abzulehnen. Ob der Patient sitzt oder liegt, ob der Lernende im Training sitzt oder liegt, ist für den Unterricht des Autogenen Trainings aus dem Blickpunkt des Lehrers völlig unerheblich. Für den Lernenden kann es die erste Hilfe für den Einstieg in die Methode überhaupt bedeuten, daß er eine bequeme, leicht gelingende Haltung herzustellen vermag. Die Mehrzahl aller Übenden hat keine Schwierigkeiten, sich in einer flachen Rückenlage mit den ersten Übungserfahrungen vertraut zu machen.

Ich gehe regelmäßig im Einzel- und im Gruppenunterricht so vor, daß ich den Schüler oder die Schüler auffordere, von sich aus zu demonstrieren, wie sie am entspanntesten liegen. Dann leite ich sie zu selbstkritischer Skepsis an und korrigiere unbequeme Teilhaltungen, die ich den Schülern dadurch bewußt mache, daß ich sie auffordere, ganz spielerisch einmal eine andere Haltung zu versuchen. Zum Beispiel gelingt es nicht, durch direkte Anweisung, geschweige durch Tadel eine beliebte, fast wie in Verlegenheitshaltung eingenommene Armstellung zu beseitigen. Auf die erste Aufforderung hin legen sich manche Menschen auf den Rücken und verschränken beide Hände unter dem Hinterkopf. Es ist nicht günstig, diese Lage zu kritisieren, weil sie von den meisten von Anfang an als besonders bequem verteidigt wird. Besser ist es, sie spielerisch aufzufordern, diese schon gewohnte bequeme Haltung einmal aufzugeben und andere bequeme Haltungen zu suchen. Wie von selbst finden die Neulinge heraus, daß das leichte Auflegen der gewinkelten Arme beiderseits des Körpers sehr viel entspannender ist. Hier kann dann eine Erklärung zu Hilfe kommen. Der Lehrer zeigt dem Schüler oder den Schülern, daß durch das Hochnehmen der Arme und Unterlegung unter das Hinterhaupt die Schultern hochgezogen, der obere Brustraum eingeengt und dadurch die Atmung behindert wird. Ebenso leicht ist es, Anfänger davon zu überzeugen, daß das Falten der Hände über der Brust keineswegs ein sehr entspanntes Liegen anzeigt. Auch hier ist Abweisung und strenge Kritik ungeeignet, die Lage zu korrigieren; mehr Erfolg verspricht die hilfreiche Verlockung, es doch einmal anders zu versuchen. Erst dann, wenn der Übende gefunden hat, daß die lokker neben dem Körper abgelegten Arme ein Wohlgefühl über der gesamten Brust möglich machen, weil der Übende frei atmen kann, wird die zusätzliche Erklärung als hilfreich verstanden. Jeder Mensch sieht nach diesem Experiment ohne weiteres ein, daß die über der Brust gefalteten Hände mit einem Zug beiderseits zu den Ellbogen hin ein Gewicht auf den Brustkorb ausüben. Das hat zur Folge, daß in den gefalteten Händen selbst eine Kraftanspannung nötig ist, um die Haltung beizubehalten. Auch die Erfahrung, daß der Druck des Gewichts beider Unterarme und Hände auf den Brustkorb eine gelöste Atmung erschwert und einen unangenehmen Druck auf die Herzgegend ausübt, muß der Schüler selbst machen.

Ist diese Lage nun gefunden, so gelingt es leicht, auch den Neuanfänger dafür zu interessieren, daß er diese Lage erst einmal nach bestimmten inneren Widerständen und Fesseln aufspürt. Es ist hilfreich, mit einer solchen Anleitung beim Kopf zu beginnen. Der Schüler wird aufgefordert, in der gefundenen Lage den Kopf ganz leicht und sacht wie eine Kugel hin- und herrollen zu lassen und sich über den Zustand seiner Halsmuskulatur zu informieren. Dabei werden viele Spannungen spürbar. Einige davon können bereits vor dem Eintritt in das Autogene Training durch bewußte und schon beherrschte Lockerung beseitigt werden. Das nächste sind die Schultern, die in der Regel hochgezogen sind, in diesem Zustand aber nicht erkannt werden. Damit der Schüler merkt, daß die Schultern hochgezogen sind, lasse ich ihn die Schultern absichtlich noch höher ziehen und weise ihn an, die Schultern möglichst bis in die Gegend der Ohren zu bringen (was natürlich niemandem gelingt). Hat der Schüler diese steif hochgezogenen Arme in seiner Stellung fixiert, fordere ich ihn auf, Arme und Schultern plötzlich nach unten, das heißt fußwärts fallen zu lassen. Der Effekt ist überraschend. Die Schultern erreichen einen gelösteren Tiefstand als zu Beginn der Übung, und der Übende erfährt an sich selbst eine Lockerung, die er ohne das Einspielen des übermäßigen Extrems nicht gefunden hätte.

In gleicher Weise wird der Anfänger aufgefordert, die Stellung der Arme, die Auflage des gesamten Rückens und der Beckenpartie durchzuspüren, sich im Becken zu rütteln und herauszufinden, ob das Becken nicht irgendwie verschränkt und in der Horizontalachse angewinkelt liegt. Hat der Lernende dann so weit eine Kenntnis über Arme und Rumpf gewonnen, wird er als letztes aufgefordert, sich seine Beine locker hängend am Becken vorzustellen und sie, wie es auch Sportler tun, durch Schütteln noch etwas zu lockern und dann still liegenzulassen.

Diese Vorübungen vor dem Beginn des Autogenen Trainings haben den Sinn, daß der Lernende erst einmal Hilfen in Anspruch nimmt, die noch nicht zum Bestand des Autogenen Trainings gehören. Die gymnastische Lockerung, die jeder Mensch aus dem Turnunterricht oder von anderswoher schon kennt, wird deutlich als vorangehende Einstiegshilfe interpretiert und mit dem Ziel eingesetzt, für die Erarbeitung des Autogenen Trainings notwendige gute Vorbedingungen zu schaffen. Süddeutschen ist leicht zu helfen mit dem Hinweis auf ein im Schwäbischen bekanntes Sprichwort, daß das Brettle an der dünnsten Stelle zu bohren ist. Dieses Sprichwort beinhaltet unsere gesamte Ausrichtung auf die optimalen Versuchsbedingungen.

Jetzt erst kann das eigentliche Training beginnen. Der Übende wird für das erste Intervall, in dem er zu Hause alleine bis zur nächsten Wiedervorstellung übt, eindringlich daran erinnert, daß solche vorweggenommene gymnastische Vorarbeit sich für die ersten zwei Übungswochen außerordentlich bewährt.

Die perfekte Zurücknahme

Zurücknahme ist ein Terminus, der auf Schultz selbst zurückgeht. Er bedeutet die exakte Beendigung des Autogenen Trainings, die für den Anfänger deshalb von besonderer Bedeutung ist, weil bei ihm nicht abzusehen ist, wieweit er aus Intuition schon in den ersten Übungstagen ein tiefes Entspannungserlebnis haben kann, aus dem er wie der Erfahrene durch eine besondere technische Hilfe wieder zurückfinden soll in die normale verfügungsbereite Ruhe–Spannkraft seiner gesamten Muskulatur und seines Nervensystems. Zurücknahme bedeutet zurück in die normale Verfügbarkeit sämtlicher Glieder. Das ist außerordentlich wichtig, wenn vermieden werden soll, daß zurückgebliebene Unsicherheiten und Schwächen den Ablauf irgendwelcher Handlungen und differenzierter, komplizierter Muskelbewegungen stören.

Goethes »Zauberlehrling« belehrt uns, daß eine gefundene Technik, die zwar im Falle des Autogenen Trainings keine Zauberei ist, aber als Technik doch eine besondere Umschaltung zur Folge hat, durch eine ebenso wirksame Technik wieder zurückgeführt werden muß in eine erwünschte Ausgangslage.

Die Zurücknahme ist im Übungsheft des Lehrbuches von J. H. Schultz so beschrieben:

»Das Zurücknehmen soll immer in folgender Weise geschehen:

1. Der Arm wird ein paarmal mit energischem, ›militärischem‹ Ruck gebeugt und gestreckt.
2. Es wird tief ein- und ausgeatmet.
3. Die Augen werden geöffnet.

Als kurzes Formelkommando:

1. Arme fest!
2. Tief atmen!
3. Augen auf!«

In der Praxis hat sich gezeigt, daß diese Rücknahmeformeln viele Leute veranlassen, eine sehr anstrengende und extrem heftige bis krampfartige gymnastische Übung zu veranstalten, die in dieser Form sicher nicht optimal sein kann. Wer gesehen hat, wie Menschen aus dem Zustand völliger Erschlaffung und schöner Ruhe heraus mit heftigen Zuckungen und gewaltigen Muskelanstrengungen, mit dem Strecken von Armen und Beinen, mit heftigem Atmen und gewaltigem Sprung aus der Liegehaltung heraus ihre Rücknahme vollziehen, dem kann mitunter bange werden. Auch eine Modifikation, die sogenannte »bayerische Zurücknahme«, ein genüßliches Dehnen und Räkeln wie bei einem Menschen, der nach einem tiefen Schlaf nur mühsam wieder in die Gegenwart zurückfindet, wird dem physiologischen Erfordernis der Zurücknahme nicht optimal gerecht. Ich enthalte mich eines negativen Urteils, weil ich gesehen habe, daß solche Menschen trotzdem ein sehr gutes Trainingsergebnis liefern. Ich finde aber keinen Grund, solche Modifikationen der einfachen Anweisung weiterzugeben.

Meine Zurücknahmeanweisungen gehen von der Tatsache aus, daß der total entspannte und erschlaffte neuromuskuläre Apparat über einige Einstiegshilfen zu einer ruhigen und innerlich kräftigen Ausgangslage in angenehm erlebter Erfrischung zurückfinden soll. Dazu ist es nötig, daß ebenso wie beim Einstieg in das Training auch beim Ausstieg die Hände und Arme als Teile des Ganzen mit bevorzugter Ich-naher Repräsentanz im Großhirn die Führung übernehmen. Im einzelnen sieht das so aus:

Der noch völlig entspannt liegende, gelöste Mensch ballt ohne sonstige erkennbare Muskelbewegung isoliert beide Fäuste so kräftig, daß sie der Übende selbst als kräftig empfindet und der anwesende Beobachter oder der kontrollierende Lehrer am Weißwerden der Knöchel feststellen kann, ob die Faust maximal geballt ist. Diese geballten Fäuste, die meist mit den Nägeln nach unten und den Handknöcheln nach oben neben dem Körper liegen, werden nun nach auswärts zu dem – wie es in der Turnersprache heißt – Kammgriff gedreht. In diesem Kammgriff mit parallel gestellten Unterarmknochen zieht der Übende beide Unterarme langsam, gleichmäßig kräftig an sich heran, wobei ihm in angenehmer Weise bewußt wird, daß sich die Oberarmmuskeln (Biceps) kräftig anspannen. Hat der Übende die Arme in dieser lustvoll kräftig erlebten Weise bis nach oben geführt, wendet er Unterarm und Fäuste aus dem Kammgriff in den Rüstgriff, was mit Einwärtsdrehung beider Unterarme geschieht, so daß die Daumen aus der Außenstellung in die dem Körper zugewandten Innenstellung kommen. In diesem Zustand streckt er ebenso langsam und kräftig beide Arme durch. Die Folge davon ist, daß der Brustkorb sich unwillkürlich weitet. Haben die Arme im stark durchgestreckten Zustand wieder ihre Ursprungslage neben dem Körper erreicht, entsteht ganz von selbst ein starkes Bedürfnis, genüßlich und kräftig die Luft aus sich heraus zu lassen. Hernach ist es wohltuend, die hergestellte Spannung in beiden Armen zu lösen, am besten gleich mit dem Ausatmen. Wenn nötig, kann noch ein Pedalspiel mit beiden Beinen durchgeführt werden. Den Abschluß bildet das Öffnen beider Augen und ein geruhsames, nicht zu hastiges Aufstehen von der Liege und ein für wenige Sekunden stilles Verharren in der Sitzhaltung. Diese ganze Prozedur gliedert sich in drei Vorgänge:

Erstens bekommt der Körper wieder Gewalt über seine Willkürmuskulatur, zunächst am Beispiel beider Arme. Die Arme sind unsere Werkzeuge, die Arme vollziehen stellvertretend für den ganzen Körper die Wiederinanspruchnahme unserer Willkürmuskulatur.

Zweitens erfährt der Übende mit der Wiedererlangung der bewußt erlebten starken Inanspruchnahme beider Arme ganz elementar den Wiedereintritt einer kräftigen, gesunden, nicht mehr gehetzten oder überdrehten Körperlichkeit. Der Regenerationseffekt des Autogenen Trainings wird hier im Wiedererlangen der bewußten Stärkegefühle evident.

Darum wird der Kreislauf auf Beanspruchung umgestellt. Dem dient drittens das gemütliche Aufsetzen und kurze Verharren in der Sitzhaltung, bevor der Übende ganz aufsteht.

Aus alledem resultiert auch für den noch Ungeübten die Einsicht, daß heftige Bewegungen ohne größere Kraft sinnlos sind und starke Anstrengungen krampfartiger Natur mit heftigem Aufspringen weder die schöne Erlebnisqualität des sich Bemächtigens bieten, noch den gewünschten gleichmäßigen Kreislauf (Adaptationseffekt) herbeiführen. Das Zurücknehmen mit besonnener Kraft auf geringem Weg und unter ständiger gefühlsmäßiger Kontrolle der anwachsenden Kraft in Fäusten, Oberarmmuskeln und Unterarmmuskeln bei der Auswärts- und Einwärtsdrehung vermittelt ein neues Körpergefühl, das im Kontrast zum Körpergefühl der tiefen Entspannung im Autogenen Training einen wirklichen Ausstieg im Sinne elementarer Selbsterfahrung bietet.

Diese hier beschriebene Form der Zurücknahme sollte sich jeder Übende von seinem Lehrer, der diese Form der Zurücknahme selbst beherrscht und weitergibt, einmal genau vorführen lassen.

Die komplette Unterstufe

Die sogenannte Unterstufe des Autogenen Trainings stellt das ursprüngliche, das eigentliche Autogene Training dar. Die Bezeichnung Unterstufe wurde erst eingeführt, als J. H. Schultz die sogenannte Oberstufe hinzukonzipierte, über die später ein eigenes Kapitel folgen soll. Ich habe mich an anderer Stelle schon kritisch über die nicht sehr glückliche Unterscheidung zwischen Unterstufe und Oberstufe geäußert, weil damit unwillkürlich Wertvorstellungen verbunden werden, die aber für die Beurteilung beider einander ergänzender Methoden unangebracht sind. Die Unterstufe des Autogenen Trainings ist eine in sich geschlossene und für sich selbst und allein vollständig praktikable Methode. Ob, bei wem und wann überhaupt sie durch die Oberstufe ergänzt werden soll oder kann, ist eine Frage für sich.

Wir verlieren bei der folgenden Darstellung dieser sogenannten Unterstufe des Autogenen Trainings nicht aus dem Auge, daß das Verfahren eine Ganzheit darstellt, auch wenn die Beschreibung aus praktischen Erwägungen die einzelnen Teile nacheinander und für sich gesondert hervorheben muß. Die einzelnen Stücke der Unterstufe des Autogenen Trainings werden meist als Übungen bezeichnet. J. H. Schultz sprach lieber von Einstellungen, und auch ich bevorzuge diese Bezeichnung.

Einstimmung in die Ruhe

Der Aufbau des Autogenen Trainings setzt mit einer präzisen Zielvorstellung ein, deren suggestive Kraft nicht hoch genug eingeschätzt und zugleich in der Bewertung der Methode auch sachlich eingeordnet werden kann. Der Übende wurde angeleitet, seine optimale Ruhehaltung im Liegen oder Sitzen aufzusuchen und mit einigen prüfenden, quasi gymnastischen Vorversuchen abzusichern. Nun erhält er die Anweisung, sich ausschließlich auf den Gedanken zu fixieren: »Ich bin ganz ruhig.« Hier beginnen für manche Anfänger erste Schwierigkeiten, die ich für überflüssig und leicht vermeidbar halte. Es liegt an der rechten Darstellung und helfenden Einführung, daß sehr ehrgeizige und leistungswillige Menschen in dieser Aufforderung nicht einen Imperativ zu sofortiger und bester Leistung sehen. Die Einstimmung »ich bin ganz ruhig«, auch als Ruheformel oder Ruhetönung verstanden, stellt nichts anderes als eine Einladung dar, sich einmal ohne Einschränkung nur diesem Gedanken hinzugeben. Wer es gewohnt ist, sich beliebig einem Gedanken seiner Phantasie zu überlassen und seine Einbildungskraft auf einen frei gewählten Gegenstand oder ein Thema zu richten, wird hier nur einen neuen Inhalt seiner Phantasie finden. Wer hingegen an Konzentrationsschwäche leidet, kann hier natürlich mit den gleichen Schwierigkeiten rechnen, die ihm auch sonst begegnen. Insofern ist der Beginn des Autogenen Trainings ein Einstieg mitten hinein in das Kernproblem: nämlich in die Fähigkeit, sich zu jeder Stunde beliebig auf ein frei gewähltes, inhaltliches Thema zu konzentrieren. Im Untertitel heißt das Autogene Training deshalb sehr treffend: »Konzentrative Selbstentspannung«.

Nun soll zum Beginn der Einübung in das Autogene Training nicht gleich ein Kampf des Trainierenden mit sich selbst einsetzen. Dies ist leider der Fall bei mangelhafter Unterrichtung im Autogenen Training, eine nicht zu überwindende Schwierigkeit, die regelmäßig bei vielen Menschen auftritt, die den untauglichen Versuch unternehmen, das Verfahren autodidaktisch zu erlernen.

Ich mache immer darauf aufmerksam, daß die Ruheformel ein Motto ist, unter das die ganze Arbeit gestellt wird. Es ist sinnvoll, die Zielvorstellung an den Anfang zu setzen, meist in Verbindung mit den Möglichkeiten, die sich aus dem Inhalt dieser Zielsetzung herleiten. Der bewegungslos daliegende oder dasitzende Mensch kann keinen besseren Gedanken fassen als den, daß er auch seine gedankliche Tätigkeit beruhigt und seine Aufmerksamkeit zunächst auf nichts als nur diese Ruhe richtet. Freilich liegt in diesem Vorgehen eine Paradoxie, die niemand übersieht, der sich ernstlich und mit Erfolg um die Aneignung des Autogenen Trainings bemüht hat. Die Auflösung dieser Paradoxie ist das Ziel der ersten beiden Übungswochen.

Wenn der Anfänger sich im täglichen zweimaligen Üben für nur kurze Zeit ausschließlich damit befaßt, daß er sich äußerlich entspannt und innerlich auf die Ruhe einstellt, gewinnt er bei dieser bescheidenen Zielsetzung einen Abstand von allen Umweltbezügen und eine Nähe zu sich selbst. Zu erleben, daß ein einfaches sich Ruhigbetten auch Ruhigsein zur Folge hat, ist das Pensum der ersten Woche oder der ersten beiden Wochen. Im Gespräch der ersten Stunde, das je nach Verhältnissen und besonderen Anliegen des Lernenden kürzer oder länger ausgebaut werden kann, ergibt sich die Möglichkeit zur Erörterung der Bedingungen. Bei der zweiten Stunde ist der Dialog über die Erfahrung des Lernenden bereits eingeleitet. Der Lehrer kann darauf aufbauend die Instruktion vertiefend erweitern und die dem Übenden so wichtigen Bestätigungen geben, daß seine ersten Selbsterfahrungen schon wesentliche Gewinne darstellen.

Es kann nicht oft genug wiederholt werden: Die Weitergabe der Ruheformel in der unveränderten Formulierung (»Ich bin ganz ruhig«) ist kein Befehl und kein Versuch der Überlistung. Die Ruheformel schließt nicht aus, daß der Anfänger zu Beginn durchaus auch anderes als nur Ruhe erlebt. Jeder Mensch erlebt im weiteren Verlauf irgendwann einmal seine Ruhetönung irritiert durch äußere oder innere Unruhe. Dem Gelingen des ganzen Verfahrens schadet das nicht, aber es täte dem Autogenen Training Abbruch, wenn der Übende – sei es ganz zu Beginn, sei es später einmal – sich an der ärgerlichen Erfahrung festbeißt, daß die Ruhe so schön, wie er sie sich denkt, im Einzelfall nicht erlebbar ist. Die Zielvorstellung bleibt unangetastet. Die jeweilige aktuelle Erfahrung wird nicht an einem absoluten Maß von Ruhe gemessen, sondern an der gleichbleibenden Zielvorstellung immer wieder neu ausgerichtet. Wenn der Anfänger mit dieser

Instruktion und mit weiterführenden Anweisungen für seine ersten beiden Übungswochen zum Selbsttrainieren nach Hause entlassen wird, gleicht er dem Schüler im Schwimmunterricht, dem als erstes zugemutet wird, sich getrost dem Wasser zu überlassen, das ihn bisher nicht getragen hat. Der Schwimmer muß erfahren, daß das Wasser trägt – der Schüler im Autogenen Training darf erfahren, daß Ruhe einkehrt, wenn Ruhe äußerlich hergestellt und innerlich vorgestellt wird.

Die Protokollierung des ersten Selbstversuchs nach Anleitung durch den Lehrer nimmt einen besonders hohen Rang ein und kann für alles Folgende äußerst ergiebig sein. Da nach meiner Auffassung die Anleitung zur Ruheformel mit der beruhigenden und ausdrücklich ermutigenden Zusage verbunden ist, daß die Einstellung »ich bin ganz ruhig« ganz bestimmte Resonanzen beim Übenden hervorrufen wird, läßt es der Übende geschehen und schreibt auf, was er erlebt hat. Mein gesamtes kasuistisches Material von fünfzehn Jahren enthält in den Protokollen der ersten Wochen regelmäßig Ruheerlebnisse unterschiedlicher Zahl und Intensität, daneben natürlich auch Mitteilungen darüber, daß Ruhe nicht vorhanden war. Das Wagnis, sich auf Ruhe einzustellen, auch wenn Unruhe oder andere ablenkende Gedankeninhalte sich aufdrängen, ist unvermeidbar. Dieses Wagnis aber bringt die ersten Erfolge, die umso höher einzuschätzen sind, als sie aus der Selbsterfahrung des Übenden stammen.

Es erscheint nötig, noch auf eine besondere Störung am Anfang einzugehen. Es handelt sich nicht eigentlich um unruhevolle Erlebnisse, sondern um Gedanken verschiedenster Art, oft banale oder als gegenstandsfremd empfundene Einfälle. Gegen diese sich zu stemmen und sie mit Willensaufbietung entfernen zu wollen, wäre in Widerspruch gegen das Vorhaben des Trainings selbst. Die ungerufenen, nicht zur Sache gehörenden Gedanken eines Anfängers brauchen nicht abgewehrt, sondern nur ruhig beiseitegeschoben, besser noch für später aufgehoben zu werden. Als Hilfsformel bewährt sich die freundliche Gesinnung den eigenen Gedanken gegenüber: »Schon recht, aber nicht jetzt, sondern später, jetzt Autogenes Training.« Erneut kann sich der

Übende die Ruheformel gedanklich vorsprechen und den Wiedereinstieg in die Übung versuchen. Sehr bald wächst die Erfahrung, daß störende oder ablenkende Gedanken sich von selbst verlieren und später überhaupt nicht mehr in Erscheinung treten.

Mein Werkzeugarm

Die ersten beiden von insgesamt sechs Einstellungen des Autogenen Trainings gelten Realisierungen von Körpererlebnissen in der Peripherie, besonders in den Gliedmaßen, also Armen und Beinen des Menschen. Schwereerlebnis und Wärmeerlebnis werden in den Gliedmaßen dargestellt, das geschieht aber nicht von Anfang an generell in allen Gliedmaßen gleichzeitig, wenn auch dies das Ziel der Arbeit ist. Aus Gründen, die einerseits an lernpsychologischen, andererseits an neurophysiologischen Tatsachen des menschlichen Körpers orientiert sind, wird die Arbeit am Schwere- und Wärmeerlebnis zunächst an dem Arm und der Hand eingeleitet, die üblicherweise die bevorzugte des jeweiligen Menschen ist. Der Rechtshänder übt rechts, der Linkshänder übt links. Das hat gute Gründe, weil Hand und Arm des Menschen ganz besonders ausgebildete menschliche Organe sind und entsprechend räumlich breit und feinstrukturell reich in der Hirnrinde der korrespondierenden Seite repräsentiert sind. Wir Menschen haben, ganz anders als die höheren Tiere, besondere große Hirnrindengebiete sowohl für die motorischen Leistungen als auch für die sensiblen Erfahrungen ausgebildet. So besitzt der Mensch ein großes motorisches, sensibles Sprachzentrum und ebensogroße, aber an anderer Stelle lokalisierte Rindenbezirke für seinen Werkzeugarm. Das Autogene Training basiert auf der anatomisch-physiologischen Grundlage, daß Veränderungen des Muskeltonus (Schwereerlebnis) und Veränderungen im Gefäßtonus (Wärmeerlebnis) in dem besonders groß ausgebildeten Rindenbezirk seiner jeweiligen bevorzugten oberen Extremität eingeübt werden, von selbst auf benachbarte Regionen übergreifen und damit zu dem Phänomen führen, das J. H.

Schultz als Generalisierung der Schwere- und Wärmeerlebnisse in die Theorie des Autogenen Trainings eingeführt hat. Die Praxis des Autogenen Trainings bedient sich dieser einfachen Tatsachen. Es wird Schwere und Wärme am rechten bzw. linken Arm oder an der rechten bzw. linken Hand eingeübt. Die Bahnung zur Generalisierung wird abgewartet. Es gibt bevorzugte Bahnungen der einen Körperhälfte und andere Ausbreitungsformen, die mehr eine Symmetrie nach der anderen Seite herstellen.

Die strikte Einübung sowohl der Schwere als auch der Wärme am jeweils bevorzugten Werkzeugarm entspricht diesen anatomisch-physiologischen Grundtatsachen. Die Generalisierung kann abgewartet werden, weil bei keinem Übenden vorauszusehen ist, ob er einseitig oder symmetrisch generalisiert. In einer Gruppe kann das in entsprechender Weise erklärt und angedeutet werden, und die Übenden können sich darauf vorbereiten, ihre eigene Generalisierung von selbst zu finden. Als ein Irrweg, der diese einfachen Nervenstrukturen mißachtet, ist die Übungsweise abzulehnen, die jedem Übenden in Heterosuggestion das Nacheinander von rechts und links an Armen und Beinen vorschreibt. Ein solches Autogenes Training fällt auf die Stufe eines heterosuggestiven »Vierzellenbades« zurück und begibt sich seiner besten Möglichkeiten. Wenn nämlich der Übende seine ersten Erfahrungen im Schwere- und Wärmeversuch an seiner Werkzeugextremität gemacht hat, sind es seine eigenen, ihm eigentümlichen Zusatzerfahrungen, daß er die Ausbreitung als einen autonomen, aus ihm selbst kommenden Prozeß erlebt und dadurch eine bessere Kenntnis seiner selbst erhält.

Es wird jetzt nicht mehr überraschen, daß eine solche Lehre mit der Möglichkeit rechnet, daß auf die Anweisung »rechter Arm ganz schwer« im Einzelfall als innere Antwort des Übenden ein Schwereerlebnis im linken Arm oder beispielsweise in beiden Beinen kommen kann. Die vorzügliche Methode des Autogenen Trainings kann eine solche spontane Mitteilung produktiv in neue Lernprozesse umsetzen. Das Beispiel des Schwereerlebnisses im linken Arm auf eine nach rechts gerichtete Anweisung offenbart unter Umständen eine verborgene Linkshändigkeit.

Dann ist es angebracht, die Anweisung zu ändern und dem Übenden zu gestatten, daß er seine weiteren Einstellungen nach links orientiert. Im angenommenen Beispiel des Schwereerlebnisses in beiden Beinen als erste spontane Regelung auf die Suggestivformel »rechter Arm ganz schwer« können verschiedene Ursachen dazu geführt haben, die zunächst außer Betracht bleiben. Man sollte dem Übenden bestätigen, daß das Ergebnis nicht falsch, sondern gut ist, und daß er ohne weiteres mit der ihm gegebenen Anweisung weiterarbeiten kann in der Erwartung, daß Schwere sich überall, auch im rechten Arm realisiert. Solche vorweggenommenen Generalisierungen oder Übersprünge in andere Extremitäten haben niemals negative Bedeutung, wenn der Lehrer es versteht, die Ratlosigkeit oder Ängstlichkeit des Übenden zu zerstreuen. Bei allem aber ist immer wieder mit der Einübung an der Körperseite einzusetzen, wo der Werkzeugarm ist.

Auffinden von Schwere und Wärme

Auf der Basis eines guten anfänglichen Ruheerlebnisses lokalisiert sich im Regelfall das Schwereerlebnis im rechten Unterarm nach der oben angegebenen Formel »rechter Arm ganz schwer«. Diese Zentrierung des Schwereerlebnisses im rechten Unterarm entspricht den anatomisch-physiologischen Verhältnissen, die wir für das Zustandekommen eines subjektiven Erlebens von Körper- oder Gliederschwere als Verständnisgrundlage heranziehen können. Jede Gliedmaße, erst recht der ganze Körper, befinden sich selbst im Ruhezustand noch in einer Verfassung gewisser muskulärer Halterungen und Anspannungen, die notwendigerweise das jeweilige Stand-, Sitz- oder Lageverhältnis stabilisieren. Wenn nun unter dem Eindruck fortschreitender Entspannung im Hypnoid des Autogenen Trainings weitere Tonusverminderungen eine Lockerung in den Gelenken zur Folge haben, dann signalisieren die dort mit ihren Empfangsorganen anwesenden Sinnesorgane der Tiefensensibilität einen Zustand von nachgebendem Hinsinken oder gewichtigerem Aufliegen auf der jeweiligen Unterlage. Diese Sachverhältnisse – in naives Erleben übersetzt – ergeben schlicht die Empfindung von Schwere. Das Schwereerlebnis ist also real. Es wird nicht ohne weiteres bewußt, wenn ein beliebiger Mensch in Ruhe verharrt, sondern wird erst durch das innere Vorsprechen der Formel und durch den Gesamthergang des Autogenen Trainings als eines Einstiegs in einen hypnoiden Zustand dem Bewußtsein zugänglich. Die durch inneres Vorsprechen vorgestellte Schwere ist bereits vorhanden, wird aber erst als vorhandene Schwere erlebt. Deshalb spreche ich vom Auffinden der Schwere. Populäre Vorstellungen von Entspannungsübungen im Allgemeinen und vom Autogenen Training im besonderen erliegen häufig dem Mißverständnis, daß ein Erlebnis wie das Schwereerlebnis eingeredet oder vom Übenden sich selbst eingeredet würde. Diese Auffassung ist mitbeteiligt an den Mißerfolgen diverser Verfahren und steht einer guten Einübung in das Autogene Training im Wege.

Die Schwere kann auch an anderen Körperstellen primär auftreten; sie ist nicht an den intendierten rechten (bzw. linken) Arm gebunden. Allgemein wird angenommen, daß Schwere sich zuerst dort bemerkbar macht, wo dafür die besten Voraussetzungen vorliegen. Das kann sich im Einzelfall so auswirken, daß ein schon anfänglich sehr gut entspannter Körperteil – in das allgemeine Hypnoid einbezogen – seine ersten Schweresignale mitteilt und deshalb als isoliert schwer empfunden wird.

Zuweilen berichten Übende auch über Schwereempfindungen, die sich später als andere oder anders geartete Empfindungen einstellen. So handelt es sich um keine Schwereempfindung, wenn während des Trainings die Auflage des Kopfes als unangenehm erlebt wird. Zwar ist der Kopf materiell gewichtig und drückt auf die Unterlage, aber der Kopf selbst soll ja nicht in seinem Gewicht wahrgenommen werden. Was wahrgenommen wird in diesem Fall, ist ein Druckgefühl an der Hinterhautschuppe. Solche leicht in die Irre führende Wahrnehmungen können beseitigt werden durch Abpolsterung oder leichte Anhebung des Kopfes mit Hilfe eines geeigneten Kissens. Ebenso unterscheiden sich im vorgestellten Sinne gewisse Mitteilungen über bleiern erlebte schwere Beine ganz zu Beginn des Trainings von Schwereempfindungen. Aus Erfahrung weiß ich, daß solche ersten Berichte eher auf gestörte Kreislaufverhältnisse, gestaute Venen oder andere unphysiologische Momente im Bereich beider Beine hinweisen. Die Schwere ist ihrem Wesen nach eine angenehme Empfindung, sie wird verknüpft mit Aussagen über ebenfalls als angenehm empfundene Müdigkeit.

Seit den ersten Anfängen mit dem Autogenen Training erhalten Übende immer wieder Hilfsvorstellungen zur Verbesserung des Ergebnisses ihrer Einstellungen. Sie sind nicht unbedingt nötig, für manche Lernende aber zweifellos eine gute Unterstützung. Es ist dabei zu unterscheiden zwischen Hilfsangeboten mit bildlichen Vorstellungen stark heterosuggestiven Charakters, die dem Übenden ein Bild aufdrängen, das er primär vielleicht selbst nie gefunden hätte, und Angeboten, die sich seiner eigenen Ideen- und Erfahrungswelt einfügen. Zwei Beispiele sollen das erläutern. Das Bild vom bleischweren Arm oder vom Arm im Gipsverband halte ich für ungeeignet. Die Verwendung unorganischer, körperfremder Vorstellungsinhalte erschwert den Zugang zum Selbsterleben. Wenn ein Übender von sich aus auf solche helfenden Bilder kommt, kann man sich überlegen, diese Vorstellungen zu belassen, falls sie offensichtlich das Ergebnis verbessern. Das Bild von einem Arm, der einen Einkaufskorb trägt, kann beispielsweise einer Hausfrau hilfreich sein beim Auffinden der Armschwere. Aber allgemein ist auch dieses Bild nicht optimal, denn es gibt sehr viele Menschen, die keine persönliche Erfahrung mit dem Tragen von Lasten am angewinkelten Arm haben. Die Beispiele zeigen, daß sehr viel Intuition beim Lehrer und intuitives Entgegenkommen beim Schüler dazugehört, wenn aus dem Autogenen Training mehr herausgeholt werden soll. Die Hilfsvorstellungen für die Realisierung der Armschwere und der dann generalisierten Körperschwere oder -wärme kommen mit eigenen Einfällen der Übenden und nicht selten überraschend für den Lehrer aus ganz anderen Bereichen. So möchte ich das Beispiel eines Malermeisters anführen, der das Autogene Training wegen Stotterns erlernte und dieses Übel restlos beseitigte, weil er übermächtige und strenge Einwirkungen aus der Kindheit und Jugendzeit überwinden konnte. Typisch für diesen Patienten war, daß er die Wärmeeinstellung mit der ihm ungerufen erschienenen Vorstellung verbesserte, daß in einem Eisenbahnabteil eine unsichtbare Hand den Hebel der Heizung von Kalt auf Warm legte. Der Patient hat offenbar die Wirkungen mächtiger und mit Autorität ausgestatteter unsichtbarer Personen umgesetzt in die positive Erfahrung wohltuender Wärme. Wie mir scheint, ein bemerkenswerter Sublimierungsprozeß mit der Wirkung der gegenläufigen Umpolung.

Damit kommen wir schon auf die Wärme zu sprechen und müssen vorweg einen prinzipiellen Unterschied gegenüber der Schwereeinstellung betrachten. Das Schwereerlebnis ist seinem Wesen nach quantifizierbar und läßt sich bis zu vorstellbaren höchsten Graden steigern. Das Wärmeerlebnis ist von anderer Art. Ungehindert gesteigerte Wärme führt rein physikalisch zu dem, was subjektiv nicht mehr als warm, sondern als heiß empfunden wird. Hier geht es um Qualitäten und nicht um Quantitäten. Wärme ist vom Empfindungswert her wohltuend, sie wird gesucht, wirkt belebend und ist lebensschützend. Hitze wird gemieden, wirkt unangenehm und ist lebensgefährdend. Das gleiche gilt von dem physikalischen Gegenpol. Kälte als gefährdend, lebenzerstörend, unangenehm im Vergleich zur Kühle – diese aber erfrischt, belebt und hat insgesamt einen angenehm getönten Gefühlswert.

Das ist als Grundlegung für das Wärmeerlebnis eine unerläßliche Voraussetzung. Eine zweite Voraussetzung liegt in der verfeinerten Darstellungsweise. Schwere wurde am ganzen Arm dargestellt, weil drei Gelenke, nämlich das Schulter-, Ellbogen- und Handgelenk, durch Winkelveränderungen im spezifischen Sinnescode der Tiefensensibilität ein Schwereerlebnis vermitteln. Es war also richtig, den Arm als ganzes für die Einübung der Schwere zu benutzen, die nachher auf den ganzen Körper ausstrahlen soll. Die Wärme ist eine sublimere Empfindungsqualität. Sie muß auf einem kleineren Feld mit engem Fokus eingestellt

55

werden. Hinzu kommt die Alltagserfahrung, daß der Arm vorwiegend im Ärmel geborgen ist, während die Hand unverhältnismäßig länger dem Temperaturkontrast der Außenwelt ausgesetzt ist. Als drittes wirkt mit, daß die Wärmeempfindungspunkte in der Hand dichter stehen als an den oberen Teilen des Armes oder gar an anderen Körperstellen. Wenn wir alles zusammennehmen, verstehen wir, daß bei der Wärmeeinübung die Anfangseinstellung sinnvoll ist: »Rechte (linke) Hand warm.« Es ist nochmals zu bemerken, daß die Nichtquantifizierbarkeit der Wärme oder ihre Darstellung, in engen Grenzen nur mit Wohlgefühl verbunden, die Einfügung des Wörtchens »ganz« verbietet. Schultz hat von Anfang an auf das feine Spiel der Gefäßregulation hingewiesen und immer davor gewarnt, die Wärmeübung massiv zu beginnen. Auch dies trägt zur Konzentration der Formel auf die eben gegebene Kürze von drei Worten bei.

Die Auffindung der Wärme in der rechten Hand ist oft verbunden mit Begleiterscheinungen des Körpergefühls und mit dem Auftreten bestimmter räumlicher Erlebnisse. Die warme Hand wird als vergrößerte oder gedunsene Hand empfunden. Nicht selten gehen dem eigentlichen Wärmeerlebnis notwendige Begleiterlebnisse voraus, aus denen immer wieder physiologisch abgeleitet werden kann, daß das Wärmeerlebnis keine Einbildung, sondern der reale Effekt einer besseren Durchblutung dieses Körperteils ist. So verstanden überraschen dann Empfindungen von Prickeln, Nadelstichen in den Fingerkuppen und Anschwellen der Hand nicht mehr. Wärmeerlebnis der Hand bedeutet subjektive Wahrnehmung besserer Durchblutung. Diese aber ist ja das Ziel der Arbeit in diesem Bereich des Autogenen Trainings. Bessere periphere Durchblutung und Erwärmung schafft Wohlgefühl und günstigere biologische Bedingungen. Der Weg dazu wird so beschritten, daß Wärme als subjektives Begleitphänomen primär suggestiv vorgestellt und damit der Weg für die Öffnung weiterer Kapillarbereiche gebahnt wird.

Wie bei der Schwere, so tritt auch bei der Wärme nicht selten der Fall ein, daß nicht das angesprochene Glied, sondern eine andere Körperregion erste Erfolgserlebnisse signalisiert. Hier gilt im Gedankenaustausch zwischen Lehrer und Schüler das Gleiche, was über die Schwere in dieser Hinsicht gesagt wurde. Wenn die Wärme sicher gefunden und in ein oder zwei Übungswochen regelmäßig dargestellt ist, können Schwere und Wärme im durchschnittlichen Übungsverlauf noch auf ihre komplette Generalisierung geübt werden. Der erfahrene Lehrer beharrt aber nicht stur auf diesem Schema, sondern nimmt Angebote des Übenden auf, die weitere Körpererlebnisse betreffen, von denen methodisch in den nächsten Lektionen die Rede sein wird. Ich habe es mir immer mit Erfolg zum Grundsatz gemacht, den Organismus und die Persönlichkeit des Übenden als Richtschnur des Gesamttrainings ernst zu nehmen. Wenn individuelle Varianten im Üben den Grundsätzen der Lehre vom Autogenen Training nicht widersprechen, gebe ich ihnen den Vorzug vor jedem starren Lehrschema.

Die Wärme zeigt sich oft in Bereichen, wo sie keine angenehme Empfindung hervorruft. Das betrifft regelmäßig die obere Hals- und die Gesichtsregion. Dem Anfänger muß hier Hilfe zuteil werden: nur so kann er mit dem lästigen Wärmezufluß zu Hals und Gesicht fertig werden. Eines ist immer richtig: das Training sofort zu beenden und später neu zu beginnen, wenn sich Unlusterlebnisse einstellen. Zu den unerwarteten und unlustbetonten Reaktionen auf die ersten Wärmeeinstellungen gehören auch Kontrasterlebnisse folgender Art: anstelle der intendierten warmen Hand (oder Hände) erscheinen die Füße kühl oder kalt, oftmals stärker als vorher oder immer noch kalt wie vor Beginn des Autogenen Trainings. Bekanntlich leiden sehr viele Menschen an kalten Füßen, gelegentlich auch an kalten Händen. Es ist selbstverständlich, daß das Training, das in dieser Richtung eine segensreiche Wirkung entfalten kann, nicht an diesen Hindernissen scheitern darf. Solange die Kontrasterlebnisse schon vor dem Gelingen der Generalisation immer wieder störend auftreten, bewährt sich ein elastisches Übungsschema unter Vorwegnahme der spontanen Generalisation durch gezielte Einstellung auf verschiedene Körperteile nacheinander. Nur in diesem Fall und an dieser Stelle zu Beginn der Arbeit gehe ich von dem Grundsatz ab, die spontane Generalisation abzuwarten. Ohne die weiter oben kritisierte planmäßige Einübung in vier verschiedenen Extremitäten (mein kritisiertes »Vierzellenbad«) generell einzuführen, gestatte ich vorsichtiges Üben an Händen und Füßen abwechselnd mit der Betonung, daß die Werkzeughand immer wieder bevorzugt eingestellt und wenn möglich nur sie selbst als Fokus für das erste Wärmeerlebnis gewählt wird.

Hilfsvorstellungen für das Wärmeerlebnis sind fast noch beliebter als diejenigen für das Schwereerlebnis. Verschiedene Autoren erwähnen immer wieder den nützlichen Effekt eines warmen Hand- oder Armbades vor dem Training. Von Schultz ist anekdotisch die Einführung der Katze bekannt, die auf den Unterarm gesetzt wird und schnurrend dort ihre Wärme an den Arm abgibt. Ich habe derlei Hilfen nie benötigt, vielmehr helfe ich gelegentlich mit der beiläufigen Erwähnung nach, daß sich der Übende vorstellen soll, er liege so im Freien, daß die warme Sonne auf die intendierte Körperstelle, also auf die rechte Hand, scheint. Zur Verbesserung des Gesamtergebnisses und zur Abwendung einer unnötigen weiteren Abkühlung verlange ich, daß der Übende seine Füße und Beine bis hinauf zur Gürtellinie mit einer leichten Decke vor Auskühlung schützt. Wer schon mit kalten Füßen zu üben anfängt, sollte auf jeden Fall die Schuhe ausziehen und die Füße zuverlässig mit einer Decke so abschirmen, daß sie sich in einem neuen Milieu ohne beengendes Schuhwerk in besserer Blutzirkulation erwärmen können.

Obwohl wir regelmäßig Schwere und Wärme in dieser Reihenfolge einüben, kommt es oft vor, daß bei der Schwerevorstellung sich Wärmeerlebnisse zuerst einstellen und das Schwereerlebnis sich erst im weiteren Übungsverlauf einstellt. Das hat für den Gesamtverlauf überhaupt nichts zu bedeuten. Überängstliche Schüler, die darin einen Fehler zu erkennen glauben, lassen sich meist durch eine einfache Belehrung beruhigen.

Schließlich muß noch einer immer wirksamen Hilfe gedacht werden, die ganz im Einklang steht mit den eingangs erwähnten physiologischen Grundlagen. Wenn die Wärmeeinstellung Schwierigkeiten macht, kann die Suggestivformel um ein Wort erweitert werden. Die Formel heißt dann: »Rechte Hand *angenehm* warm.« Eine weitere notwendige Modifikation der Formel ergibt sich in seltenen Fällen daraus, daß auf die bloße Einstellung »rechte Hand warm« übermäßige, als bedrängend oder unangenehm empfundene Reaktionen von Wärme oder gar Wallungen auftreten. Dann bleiben wir bei der schon von Schultz angewandten Abkürzung der nur dreimaligen Einstellung oder wir ziehen es vor, die Formel so zu fassen: »Rechte Hand ein wenig warm.« Später können die Formeln wieder auf ihre Standardform verkürzt werden oder sie bleiben für den betreffenden Schüler – und nur für ihn! – die Standardformel für sein ständiges Üben.

Die Generalisierung

Die Generalisierung des Schwere- und Wärmeerlebnisses, anfangs am Werkzeugarm erprobt, ist das Ziel des Übens im ersten Drittel des Autogenen Trainings und bildet die Grundlage für eine übergeordnete Gesamtgeneralisierung, nämlich die sogenannte organismische Umschaltung. Auf dieses Ziel hin ist jedes geordnete Training auszurichten. Im vorigen Kapitel mußten bei der Besprechung des Schwere- und des Wärmeerlebnisses Generalisationsfragen schon mitbehandelt werden. Wir können jetzt diese Erscheinungen zusammenfassend betrachten und auch hier noch einmal die wichtigsten Lernhilfen hervorheben.

Beim Schwereerlebnis entsteht ein teilweiser Generalisationseffekt mit der Herstellung gleichmäßiger Schwere in beiden Armen und Beinen. Dabei kann die angestrebte Generalisierung nicht ihr Ziel finden. Der Rumpf im ganzen, besonders erlebbar in der Rücken- und Kreuzpartie, muß an dem Generalisationseffekt beteiligt werden. Das bleibt immer dem Eigenerleben des Lernenden vorbehalten und kann durch keine weitere Formel systematisch gefördert werden. Ich habe aus Erfahrung darauf verzichtet, für Rücken und Kreuz besondere Hilfsformeln in diesem frühen Stadium des Trainings einzuführen. Nach der Standardmethode von J. H. Schultz ist hierfür keine Formel vorgesehen. In dem Kapitel über formelhaften Vorsatz sollen die Fälle besprochen werden, wo besondere Verhältnisse beim Übenden, zum Beispiel irgendwelche Wirbelsäulenschäden oder Frauenleiden, den Einsatz einer Zusatzformel im Sinne des formelhaften Vorsatzes nötig machen. Rücken und Kreuz, Brustkorb und Becken finden sich in die angebahnte Generalisierung von selbst hinein. Die Antworten des Schülers kommen sehr bald von selbst und lauten in der Mehrzahl der Fälle etwa so: »Ich fühle mich breit und schwer aufliegend, mein Körper sinkt immer tiefer auf die Unterlage ein, ich bin wie in das Sofa hineingedrückt.«

Die sublime Handhabung des Autogenen Trainings aus der Sicht des verantwortlichen Lehrers darf solche globalen Erlebnisse nicht heterosuggestiv vorwegnehmen. Die Begründung dafür sehe ich in der Schwierigkeit, daß im jeweiligen Erlebniszustand des Schülers eine so massive, aufdringliche Deutung des Zustandes zu einem möglicherweise entweder zu frühen oder überhaupt nicht erlebbaren Zeitpunkt eine Überforderung darstellen würde, die auch mit der Empfindung verbunden wäre, daß der Übende sich in diesem Fall wie von oben hinuntergedrückt erlebt. Das aber wäre ohne begleitende Angstgefühle kaum möglich. Jeder durchschnittliche Übungsverlauf führt von selbst zu den eben beschriebenen oder ähnlich dargestellten Selbsterlebnissen, die – wenn der Lernende sie selbst gefunden hat – mit einem Glücksgefühl verbunden sind und ein ausgesprochenes Erfolgserlebnis vermitteln. Die Gesamtschwere vertieft das Ruheerlebnis, die Ruhe wirkt zurück auf das Schwereerlebnis. Damit ist eine erste große Einheit körperlichen Wohlseins gefunden.

Anstelle des Schwereerlebnisses tritt, namentlich am Anfang, gelegentlich ein Umschlag ins Gegenteil ein: der Übende erlebt sich wie schwebend, angehoben von der Unterlage, unglaublich leicht und entlastet. Wenn dies der Fall ist, benötigt der Schüler die Belehrung, daß er nichts falsch gemacht hat und daß nicht irgend etwas mit ihm falsch gelaufen ist. Das Gefühl einer Abgehobenheit und gelösten Leichtigkeit ist nur sprachlich ein Gegensatz zur Schwere. In der muskulären Entspannung und Tonusverminderung, die hier überzeugend generell vorliegt, hat der Übende einen totalen Erfolg erzielt, nur ist die Umsetzung in das subjektive Erleben in ein Kontrastbild geraten. Dieses soll den Übenden nicht verwirren, deshalb ist es wichtig zu wissen, daß die signalisierte völlige Entspannung in Muskeln und Gelenken auch einmal als Gelöstsein und angenehmes Schwebeerlebnis möglich ist.

Asymmetrie-Erlebnisse noch im Stadium der Generalisierung gehen immer schnell vorüber und belasten den weiteren Übungsverlauf keineswegs. Wenn darüber in Protokollen oder mündlicher Erzählung berichtet wird, sollte der Lehrer im Einzelfall der Frage nachgehen, warum eine Körperseite oder die untere oder obere Körperhälfte bevorzugt schwer erlebt wird. Eine Klärung dieser Frage macht vielleicht interessante Details aus dem Erlebnisvermögen des Übenden bewußt. Schwere und gelegentlich auftretende Leichtigkeit an ihrer Stelle bleiben nach meiner Erfahrung nicht über lange Zeiträume alternativ bestehen. Schließlich findet jeder im Autogenen Training sein stabiles und immer ganz schnell hergestelltes totales Schwereerlebnis.

Die Generalisierung der Wärme kann vom Lehrer nur behutsam mitverfolgt sowie erklärend und stützend verbessert werden. Wenn beide Hände und von den Händen aufsteigend auch die Arme bis zum Schulterbereich, endlich die ganze obere Körperpartie als angenehm warm empfunden werden, während sich immer noch beide Beine und besonders die Füße kalt oder kühl anfühlen, sind dahinzielende Hilfen angebracht.

J. H. Schultz hat im Schülerkreis die Anweisung ausgegeben, solchen Patienten damit zu helfen, daß sie »die Wärme in die Beine schicken«. Diese an die Lehrer im Autogenen Training gerichtete Empfehlung muß für den jeweiligen Patienten oder übenden Schüler umgesetzt werden in eine praktikable Übungshilfe. Hier scheint es nötig, die naheliegende direkte Formel

»beide Füße warm« zunächst zu vermeiden und statt dessen folgendermaßen vorzugehen: Der Trainierende bleibt bei der Einstellung »rechte Hand warm« und wartet die obere Generalisierung ab. Dann wiederholt er weiterhin »rechte Hand warm« und stellt sich Wärme überhaupt vor und »blickt dabei in der Perspektive seiner Lage auf seine Füße«. Ohne Veränderung der Standardformel werden auf diese Weise die Füße als zum Körper gehörend einbezogen. Der »Blick zu den eigenen Füßen« rückt diese im Gesamtkörpergefühl näher und bezieht sie allmählich in das Wärmeerlebnis ein. Wenn sich damit eine befriedigende Erwärmung der Füße immer noch nicht erzielen läßt, pflege ich im Unterricht weiterzugehen, weil bei der Behandlung der Leibübung »Sonnengeflecht strömend warm« ein weiterer Zugang für die Ausbreitung der Wärme geschaffen wird. Gemeinsam mit der Leibübung läßt sich über die abermalige Vorstellung der Füße, in die hinein von dem Becken her über Ober- und Unterschenkel in der vorgestellten Strombahn der Effekt der endgültig erwärmten Füße nie ausbleibt.

Der Wärmegeneralisierung dienlich ist außerdem eine Kopplung an das eigentliche Gefäßtraining über die gleich noch zu besprechende Herz- bzw. Kreislaufformel. Wärme verstehen wir als subjektives Erlebnis einer besseren Durchblutung. So ist es ganz folgerichtig, daß mit Hilfe einer gut gelingenden Kreislaufübung die Erwärmung der Peripherie gewinnt. In hartnäckigen Fällen steht uns ferner noch über die formelhaften Vorsätze eine Möglichkeit offen, die nach meiner Meinung erst genutzt werden sollte, wenn alle bisher besprochenen zusätzlichen Hilfen und Koppelungen verschiedener Einstellungen innerhalb der Unterstufe das gewünschte Ergebnis noch nicht erzielt haben.

Schon in der Anfangsphase des Trainings kommt es gelegentlich zu einer unerwünschten Ausbreitung der Wärme zum Hals und Kopf hin. Im Stadium der Schwere- und Wärmeeinstellung kann dieser Ausbreitungsform vorerst nur als wirksamstes Mittel die baldige Zurücknahme entgegengestellt werden. Nach dem Aufbau der Unterstufe ist eine zuverlässige Abschirmung des Hals- und Kopfbereichs erst möglich, wenn die sechste Einstellung hinzugelernt ist. Diese sechste Formel, die Stirnkühle betreffend, fördert in sehr wirksamer Weise ebenfalls die bessere Erwärmung in den Füßen, weil sich mit der Polarisierung der Temperaturempfindungen im Kontrast zwischen kühler Stirn und warmen Füßen ein weiterer Erlebniseffekt einstellt. Aber auf dieses Detail komme ich bei der Besprechung der Stirnkühle noch einmal ausdrücklich zurück.

Ruhe, Schwere und Wärme, letztere in zuverlässiger und prompter Generalisierung, bilden den Grundstock des Autogenen Trainings. Viele Trainierende finden in diesem Basistraining eine ausreichende Hilfe bei ihrer Symptomlage oder ihren speziellen Schwierigkeiten. Mit einem Training, das nur die Peripherie und den Rumpf in seiner Statik und in seinen Temperaturempfindungen an ein allgemeines tiefes Ruheerlebnis bindet, können gewisse vegetative Beschwerden zuverlässig behandelt werden. Ich halte es für eine gute Sache, wenn dieses nahe Ziel in allgemeinen Kursen strikte angepeilt und auch erreicht wird. Auf eine darauf beschränkte, aber möglichst effiziente Ausbildung kann jederzeit weiter aufgebaut und das Training komplettiert werden.

Die inneren Lebensrhythmen

Anders als bei dem eben besprochenen Basistraining von Ruhe, Schwere und Wärme bringen die beiden folgenden Einstellungen der Unterstufe – Herz-Kreislauf und Atem – den Übenden in eine neue Beziehung zu sich selbst. Bevor die beiden Einstellungen einzeln durchgesprochen werden, sind einige gemeinsame Fragen vorweg zu klären.

Die Beachtung von Herz- oder Pulsschlag und die Wahrnehmung des Atems führen zu Erfahrungen rhythmischer Vorgänge im eigenen Leib auf der Basis eines bis dahin schon weitgehend durchgebildeten Trainings, das über ein Ruhegefühl und generalisierte Schwere- und Wärmeerlebnisse verfügt. Der nach außen abkonzentrierte, auf sich bezogene Mensch in ungestörter Ruhelage mit dem angenehmen Gefühl von Schwere, Müdigkeit und wohliger Wärme gelangt wie von selbst dazu, nach innen zu lauschen und sich in seinen lebenserhaltenden Rhythmen wahrzunehmen. Der durchschnittliche Übungsverlauf und Lernprozeß liefert beliebig viele und wiederholbare Beweise, daß der Übende noch vor Kenntnisnahme der folgenden Formeln bereits sporadische, manchmal sogar regelmäßige Empfindungen seines Pulses hat und den Atem als ruhig wahrnimmt. Das Auftreten von Puls- und Atemerlebnis im Vorgriff auf späteres ist ein gutes Kriterium für die Tiefe und Qualität des bereits hergestellten Trainings bis zu dieser Stufe.

Jeder Mensch weiß aus Erfahrung, daß er bei völliger äußerer und innerer Ruhe das Ticken einer Uhr wahrnehmen kann. Auch andere diskretere Geräusche können auftreten, die vorher überdeckt waren. Nicht anders verhält es sich mit dem Innewerden des eigenen Pulsschlages und des Atemrhythmus' im Zustand einer Entspannung, wie sie in der Abfolge Ruhe – Schwere – Wärme bereits besteht. Beiden Einstellungen auf die biologische Rhythmik im Körper ist gemeinsam, daß sie das Ruheerlebnis vertiefen. Das Atemerlebnis führt in der Ausatemphase zu einer Verstärkung des Schwereerlebnisses. Die Wahrnehmung des Pulses in peripheren Körperabschnitten, besonders in Fingern und Zehen, verbessert den Wärmeeffekt in dem Augenblick, wo die Pulsation fühlbar wird. Die speziellen Wirkungen der Pulswahrnehmung und des Atemerlebnisses sollen nun im einzelnen dargelegt werden.

Puls – erlebter Kreislauf

Bei Schultz lautete die dritte Einstellung: »Herz ruhig und kräftig.« Noch in den späteren Auflagen seines Buches findet sich eine Abbildung, die einen Trainierenden zeigt, der die rechte Hand zur Wahrnehmung des Herzschlags auf seine linke Brustseite legt. Nach vielen Diskussionen über diese Herstellung einer Herzerfahrung und infolge eigener Erfahrungen mit Patienten bin ich zu der Modifikation gelangt, daß sich das Herz selbst allein nicht darstellen lasse. Schultz selbst hat über Schwierigkeiten bei Menschen mit funktionellen Herzbeschwerden und mit ernsten organischen, besonders koronaren Schädigungen des Herzens berichtet. Ich pflege meinen Schülern den Gesamtzusammenhang von Herz, Arterien, Kapillaren und Venen kurz zu erläutern und ihnen den Puls als bis in die äußerste Peripherie fortgeleiteten Herzschlag zu definieren. Nach dieser Instruktion überlasse ich es meinen Schülern, ihr Kreislauferlebnis selbst zu finden. Es bleibt völlig offen, an welcher Körperstelle sie individuell ihr Pulserlebnis haben werden. Die Gleichwertigkeit aller Pulserlebnisse gilt dabei als selbstverständliche Voraussetzung. Es zeigt sich nun, daß der Herz- bzw. Pulsschlag bei jedem Menschen individuell verschieden ist und jeweils dort gespürt wird, wo entweder eine besondere Disposition im positiven Sinne oder auch eine Störung vorliegt. So können nervöse Patienten darüber berichten, daß der anfänglich starke und lebhafte Herzschlag sich während der Übung beruhigt. Andere melden ein Pulserlebnis an großen, hautnahen Arterien, beispielsweise am Hals, an den Schläfen oder auch in der Armbeuge oder Kniekehle. Wieder andere erfahren den Puls zuerst als feines Pulsieren in den Fingerspitzen; nicht wenige berichten darüber, daß sie eine Art Klopfen im Leib bemerken, was sehr schnell als Pulsation der großen Hauptschlagader, der Aorta, erklärt ist.

Wo immer auch der Puls auftritt, er soll formelhaft als ruhig, allenfalls als kräftig registriert werden. Niemals ist eine Aussage darüber in die Instruktion einzuflechten, die sich auf die Frequenz des Pulses bezieht. Für manche Patienten ist das wichtig, weil ein rascher Puls zwar ihre Übererregbarkeit und Nervosität ausdrückt, von ihnen aber als lästig und überdies gefährlich krankhaft verstanden wird. Zwar kann man als Arzt einen einsichtigen Menschen davon überzeugen, daß die Pulsfrequenz durch komplizierte innere Regulationssysteme gesteuert wird und daß der Pulsschlag jeweils so eingestellt ist, daß er den erforderlichen Blutbedarf in den verschiedenen Körperbereichen und Organen sicherstellt. Wie auch sonst im psychotherapeutischen

Geschehen sind rein rationale Einsichten und darauf abzielende Erklärungen für sich noch nicht wirksam. Der Mensch im Autogenen Training soll erfahren und erleben, aber nicht gesagt bekommen oder instruiert werden, was gesund, harmonisch und damit auch regelrecht ist. Durch unordentliche Weitergabe, aber auch nachlässige Aneignung des Trainings geschieht es bisweilen, daß sich in die Formel das Wort »langsam« einschleicht. Eine Anweisung für einen langsamen Puls ist im Training nach J. H. Schultz nicht nur nicht enthalten, sondern widerspricht sogar dem Aufbau und der Intention dieses Verfahrens.

Eine suggerierte Pulsverlangsamung ist unter Umständen lebensgefährlich und darf nie versucht werden! Das Herz ist ein sich selbst steuerndes Organ, das sein Minutenvolumen und seine Schlagfolge danach richtet, wie ihm über komplizierte Signalsysteme die jeweilige Blutzusammensetzung hinsichtlich des Sauerstoff- und des Kohlensäuregehaltes gemeldet wird. Ein doppeltes Sicherungs- und Zügelsystem gewährleistet diese in sich autonome Herzleistung, in die nicht eingegriffen werden soll.

Wenn der autogen trainierende Mensch im Zustand der Schwere- und Wärmegeneralisierung noch kein Pulserlebnis registriert, soll ihm die dritte Formel dazu eine suggestive Hilfe geben, das Pulserlebnis zu finden. Das Ziel der Gesamtumschaltung und Tiefenentspannung im Autogenen Training setzt hinsichtlich des Pulserlebnisses keine anderen Qualitäten voraus als die der harmonischen Ruhe und gleichmäßigen Abfolge der Herz- und Pulsschläge. Mit der Erörterung dieses wichtigen Kapitels im Autogenen Training wird vielleicht am meisten deutlich, daß eine verantwortliche Weitergabe des Autogenen Trainings und ein therapeutischer Umgang damit in die Hand eines erfahrenen Arztes gehört. Die Einübung in das Herz-Kreislauf-Erlebnis innerhalb der Unterstufe geht also nach meinem Dafürhalten am besten von den spontanen Anregungen aus, die der Lernende entweder schon während des Schwere- und Wärmeerlebnisses sporadisch produziert hat oder die er auf die erste Anweisung hin als Pulserlebnis oder als ganz konkreten

Herzschlag mit der Resonanz an der vorderen Brustwand registriert. Von da an kann mit der Intention weitergeübt werden, daß ein Puls auch noch an anderen als bisher erlebten Stellen wahrgenommen werden soll. Es ist ein Aufsuchen von Puls ohne gezielte Absicht. Sollte das Wärmeerlebnis unbefriedigend gewesen sein oder gelegentlich abflauen und im Ergebnis nachlassen, dann kann das inzwischen erarbeitete Pulserlebnis gezielt auf die Hände und Finger bis zu den Fingerspitzen oder auf die Füße gerichtet werden. Damit wird die Wirkung erzielt, daß die bessere Durchblutung ganz von selbst auch das Wärmeerlebnis verbessert.

Schultz hat eine Kontroll-Methode eingeführt, die darin besteht, daß ein in Anwesenheit des Lehrers Übender sich eine Überprüfung der Armschwere gefallen läßt, was bei ihm zweifellos das Erlebnis verstärkt, daß ein inzwischen schwergewordener Arm nach dem Loslassen durch den Lehrer auf die Unterlage zurückfällt. Diese aus der Hypnose übernommenen, in Suggestivwirkung ungemein verstärkenden Kontrollversuche habe ich sehr früh als entbehrlich erkannt. Die intensive Protokollierung der Selbsterfahrungen bietet andere Möglichkeiten, die überzeugenden Eingriffe in Regulationen des Körpers darzustellen. Die auf die Herzgegend aufgelegte Hand kann bei manchen Menschen allein durch das Realgewicht des Armes Druckgefühle, auch Angst auslösen. Ich habe mich durch meine Schüler überzeugen lassen, daß die Selbsterfahrung eines pochenden Herzens in Ruhe und Gleichmaß oder die Selbsterfahrung des Pulsschlages in verschiedenen Körperabschnitten eine viel nachdrücklichere Einsicht in die Steuerbarkeit vegetativer Funktionen vermittelt. Um es noch einmal zusammenfassend abzuklären: Ich halte die Kontrollversuche am erschlafften schweren Arm und andere Überprüfungen solcher Art nicht für falsch, aber für entbehrlich.

Die Standardformel »Puls (Herzschlag) ruhig und kräftig« ist in wenigen Fällen in folgender Weise zu variieren. Manchmal berichten Lernende, daß sie Puls- oder Herzschlag unangenehm stark erleben und dadurch vom übrigen Erleben des Autogenen

Trainings abgelenkt werd . Eine solche übermäßige Zentrierung auf die Kreislaufübung, möglicherweise verbunden mit Angstgefühl oder ungezielter Unruhe, ist natürlich abzubauen. Es genügt schon, wenn aus der Formel das Wort »kräftig« gestrichen und dafür zur Verstärkung auch des Ruheerlebnisses und einer insgesamt wirksamen Evidenz von Harmonie das Wort »gleichmäßig« eingefügt wird. Grob schematisch möchte ich sagen, daß Menschen mit schwachem Kreislauf, die zu Blutdruckkrisen neigen oder hypoton reagieren, ohne weiteres die Standardformel benutzen können. Hingegen sollten aktivere Typen, Menschen mit erhöhtem Blutdruck und Menschen, die leicht in eine Erwartungsspannung geraten, die modifizierte Formel mit dem Wort »gleichmäßig« oder »regelmäßig« benutzen.

Aus der von mir geforderten internistischen oder allgemeinärztlichen Untersuchung vor Beginn des Autogenen Trainings sind die Blutdruckwerte bekannt und können im Verlauf des Trainings weiterhin kontrolliert werden. Ernsthaftere Störungen in Einzelfällen müssen hier nicht erörtert werden, weil wir an dem Grundsatz festhalten, daß das Autogene Training optimal nur von einem Arzt vermittelt werden kann und soll. Dieser wird bei allen unerwarteten Erscheinungen selbst die Schlüsse ziehen und sowohl sein gesamtärztliches Verhalten als auch die weitere Unterrichtung im Autogenen Training darauf einstellen.

Atem – Odem! Keine Atemgymnastik

Mit der vierten Einstellung hat es eine besondere Bewandtnis. Während die bisher erarbeiteten Erlebnisse von Schwere, Wärme und Puls-Herz in solcher Darbietung konkurrenzlos dastehen, sieht sich der autogen Trainierende beim Erlernen des Atemerlebnisses nicht selten vor Hindernisse gestellt, die er erst beseitigen muß.

Atemübungen gibt es in unübersehbarer Vielfalt. Der Wert oder Unwert jeder einzelnen Methode mag sich am Einzelfall entscheiden. Wenn der Schüler im Autogenen Training nicht von Anfang an kompromißlos annimmt, daß die Einstellung »Atem ruhig und gleichmäßig« keine Atemübung ist, sondern im Gegenteil versucht, mit seinem Atem etwas zu tun, ihn willentlich zu ändern, dann verbaut er sich selbst den Zugang zu dem Erlebnis seines Atems. Dieses Atemerlebnis kommt im Autogenen Training von selbst, spätestens dann, wenn der ruhig daliegende Schüler im Zustand generalisierter Schwere und Wärme und nach dem gefundenen Pulserlebnis die Formel einarbeitet: »Atem ruhig und gleichmäßig.«

Für den Skeptiker klingt das einfach. Es ist einfach, weil der schon soweit entspannte Mensch im Fortgang der aufeinanderfolgenden Körpererfahrungen durch Innenschau längst ruhig und gleichmäßig atmet, ohne daß er es weiß. Im Training wird der Atem als ein ruhiger und gleichmäßiger erst dann *bewußt*, wenn der Übende diese Selbsterfahrung mit dem Atem zuläßt. Im Lernprozeß der ersten Wochen und Monate wird dieses Innewerden gefördert durch die Autosuggestion der Atemformel. Gestützt auf die angesammelten Atemerlebnisse der vorausgegangenen Tage und Wochen, kann sich der Geübte seines Atems erinnern.

Mit dem Einüben der Atemformel vollzieht sich nichts anderes als bei den vorherigen Einstellungen. Die ruhiggestellte, nach innen gewandte Aufmerksamkeit findet den Atem, der sich als das erweist, was die Formel beinhaltet. Ist er zu diesem Zeitpunkt weniger ruhig, beruhigt er sich unter der Suggestionsformel. Nach einiger Zeit wiederholter Entdeckungen dieser die Ruhe nochmals verstärkenden Selbstwahrnehmung im Atem gelingt die Herstellung des überaus wohltuenden Erlebnisses regelmäßig und störungsfrei.

J. H. Schultz hat den Zustand des Trainierenden im Besitz seines Atemerlebnisses treffend gekennzeichnet durch die berühmt gewordene Zusatz- oder Ersatzformel: »Es atmet mich.« Diese Aussage hat mehr den Charakter einer bestätigenden, abschließenden Definition. Wie falsch es ist, diese Formel ohne Hilfe eines Lehrers im Autogenen Training gleichsam als Arbeitsziel vorzustellen, das zu erreichen ist, haben Dilettanten mit und ohne Lehrer erfahren müssen. »Es atmet mich« läßt sich nicht als eine im Beginn der Erfahrung notwendige Suggestionsformel verwenden, weil sie verglichen mit der Standardformel »Atem ruhig und gleichmäßig« unanschaulich ist. Wer den ruhigen und gleichmäßigen Atem noch nicht gefunden hat, kann ihn mit der Formel »es atmet mich« nicht rufen. Für den Ungeübten ist das »Es« begrifflich und inhaltlich zu vage. Der Geübte kann, wenn er will, die »Es«-Formel anstelle der Standardformel benutzen. Sehr geübte und fortgeschrittene Schüler im Autogenen Training benötigen ohnehin keine festen Formeln mehr, sondern begleiten das eigengesetzlich beginnende und sich abrundende Training mit kurzen Erinnerungshilfen: Ruhe – Schwere – Wärme – Puls – Atem. Schließlich geht der Geübte mit seinem Training überhaupt nicht mehr denkend, sondern spürend um und findet infolge des anfangs stereotyp einstudierten Hergangs automatisch alle Erlebnisse in einer stark individuell getönten Einstellungsfolge.

Man sieht also, daß nur am Anfang mit gewissen Schwierigkeiten zu rechnen ist, besonders dann, wenn der Trainierende störende Vorerfahrungen mit irgendwelchen Atemübungen gemacht hat, die als Eigen- oder Fremddressat – von außen kommend oder aus dem eigenen Willen hervorgebracht – den natürlichen Atem regulieren sollen.

Im Autogenen Training wird der Atem nicht beeinflußt. Sein harmonisches Schwingen, physiologisch bewirkt durch die gleichmäßige Steuerung im Atemzentrum des verlängerten Rückenmarks und feinreguliert durch die Atemrezeptoren in der Carotisgabel, wird im Zustand der bis dahin hergestellten Entspannung schlicht erlebt. Im Lernprozeß wird der möglicherweise noch nicht harmonisierte Atem unter der Autosuggestion »Atem ruhig und gleichmäßig« von Mal zu Mal besser ausgewogen und dann auch subjektiv so erlebt wie vorgestellt. Gerade der Übergang vom Zustand des weniger ruhigen zum vollendet ruhig-gleichmäßigen Atem vermittelt dem Schüler oft bahnbrechende, die Gesamtentspannung verstärkende Einstiegserlebnisse.

Die Aufgabe des Lehrers besteht darin, Schwierigkeiten, wo immer sie auftreten, beseitigen zu helfen und dem, der Hilfe braucht, diese indirekt anzubieten. Hat ein Übender mit dem Atem noch kein naives, betrachtendes Erlebnis gewinnen können, ist es besser, ihn auf andere, harmonisierende Vorstellungen zu führen, als ihn zusätzlich auf den mit Willensimpulsen blockierten Atem zu fixieren. Obwohl ich im allgemeinen mit direkten Bildangeboten sparsam umgehe, empfehle ich dem mit Schwierigkeiten kämpfenden Anfänger, sich während der monotonen inneren Hersage der Atemformel leicht im Winde schwankende Baumwipfel vorzustellen oder sich an Ruhestunden zu erinnern, wenn man auf dem Boden eines Bootes liegend die sanften Bewegungen mitvollzieht, die leichte Dünung spürt und die gleichmäßigen Geräusche der auslaufenden Strandwellen im Ohr hat.

Aufmerksame Schüler, die um eine Vertiefung ihres Trainings bemüht sind und sorgfältig protokollieren, haben mir wiederholt die Frage vorgelegt, die ich in diesem Rahmen noch besprechen möchte.

Wer länger und mit deutlichem Wohlbefinden im Atemerlebnis verweilt, bemerkt nach einiger Zeit, daß der Atem sich verlängert, die Atemtiefe aber abnimmt. Einmal tritt der Augenblick ein, da ein starkes Bedürfnis entsteht, tief und lang Luft zu holen. Wer das Training souverän beherrscht, folgt diesem inneren Reiz, wobei er eine starke Akzentuierung seines Schwereerlebnisses registriert und unmittelbar danach wieder in den vorigen Rhythmus des Atems einschwingt, der ihn weiterträgt. Ängstliche vermuten eine Unregelmäßigkeit und fragen nach der Ursache.

Der ruhige und gleichmäßige Atem ist das Ergebnis der lange Zeit durchgehaltenen Atemfolge in annähernd gleichmäßiger Sinusschwingung. Das Atemzentrum hält diesen Regelkreis aufrecht, bis die Chemorezeptoren eine Schwellenüber- oder unterschreitung der Blutgaszusammensetzung signalisieren. Abnahme des Sauerstoffgehalts und Zunahme des Kohlendioxydgehalts bewirken gleichermaßen die »Richtigstellung« der

Atemuhr. Nach dieser Korrektur, subjektiv erlebt im Bedürfnis des »Durchatmens«, das sowohl stärkere Füllung im Ein als auch entspannende wohlige Hergabe im Aus einschließt, schwingt der Atem wie vorher gleichmäßig weiter.

Das »kleine Training«

Nach der Beschreibung der Unterstufe möchte ich kurz Möglichkeiten des Autogenen Trainings aufzeigen, die nicht an die Liegehaltung gebunden sind. Nicht immer und überall hat der autogen Trainierende Ruhebett oder Bodenteppich zur Verfügung.

Das Autogene Training wird mitunter auch in der Sitzhaltung unterrichtet. Wer es liegend übt, sollte auch das Üben im Sitzen kennen und zuweilen anwenden. Ich bespreche diese methodisch-technischen Fragen hier, weil ein Schüler im Besitze der ersten vier Einstellungen, wenn er sie im Liegen erlernt hat, die für ihn neuen Haltungen jetzt schneller dazulernt. Er wird aber auch bemerken, daß die Übungen im Sitzen (und Stehen für bestimmte Situationen) nicht nur Varianten zweiter und dritter Wahl sind, verglichen mit der Liegehaltung, sondern sein Übungs- und Anwendungsspektrum erheblich erweitern.

Im Sitzen

Zwei Sitzhaltungen sind zu unterscheiden: das angelehnte Sitzen im Sessel mit hoher Rückenlehne und Kopfstütze und das Sitzen auf einem Hocker. In beiden Sitzweisen ist das Autogene Training ausführbar.

Opas Ohrenstuhl
Heute gibt es hochlehnige Sessel für alle Ansprüche. Unsere Voreltern genossen die Bequemlichkeit eines gepolsterten Sessels mit hoher Lehne und seitlichen Kopfstützen für den Mittagschlaf oder die Ruhetage des Alters. Der zum Inbegriff dieser Entspan-

nung im Stile Spitzwegs gewordene Ohrenstuhl der Großväter lebt fort in den Eisenbahnabteilen, wo man beim monotonen Geräusch der Räder sehr schön autogen trainieren kann.

Jeder Sessel, wenn er nicht zu weich und seine Sitzfläche im Verhältnis zur Länge der Unterschenkel nicht zu tief ist, erfüllt den Zweck, für den wir ihn suchen: Autogenes Training im Sessel braucht bequemen Sitz (kein Versinken), wackelfreie Armstützen und eine Rückenlehne. Sessel ohne Rückenlehne stellt man, wenn sie sonst alle Bedingungen erfüllen, einfach gegen die Wand. Kissen für Kopf, Nacken, Arme und Kreuz holt sich jeder nach Bedarf. Es leuchtet ein, daß das Autogene Training im Ohrenstuhl sich nur wenig vom Üben in der Rückenlage unterscheidet. Der Rumpf samt Hals und Kopf ist um 90 Grad oder weniger gegenüber den Oberschenkeln hochgeklappt, die Unterschenkel entsprechend nach unten abgewinkelt. Die Lagerung der Beine auf einer Fußstütze variiert diese Haltung prinzipiell wenig, im Einzelfall allerdings effektiv mehr.

Im Übergang vom ausschließlichen Trainieren in Rückenlage zu wahlweiser Übung in optimaler, den Verhältnissen angepaßter Sitzhaltung im Sessel erfährt der Schüler geringere oder deutliche Zeichen einer Erlebnisverschiebung, die er jedoch über ein sorgfältiges Protokoll und nach Rücksprache mit dem Lehrer nutzbar machen kann. Einige mir häufig berichtete Umstellungen betreffen vorwiegend das Schwereerlebnis. Die Arme hängen jetzt sehr deutlich vom Schultergelenk herab und ruhen schwer im Unterarm auf der Sessellehne. Auch die Beinschwere kann von der neuen Lage profitieren. Im Wärmeerlebnis gelingt es oft leichter, störenden Wärmezufluß vom Gesicht »abzuleiten«. Das Schwereerlebnis im Rumpf ändert sich weniger quantitativ als qualitativ, was ohne weiteres verständlich ist.

Im Wechsel Erlebnisverstärkung
Nach einem physiologischen Grundgesetz, wonach Sinneseindrücke im jeweiligen Entstehen oder Abebben deutlicher, im gleichmäßigen Kontinuum des Dauerreizes aber blasser werden, kann auch der methodisch gewollte Wechsel der Übungshaltun-

gen für den Gesamtverlauf des Trainings über die Erlernphase
hinaus eine spürbare Verstärkerwirkung auf die subjektiven Erfahrungen und schließlich auf die objektiven Ergebnisse haben.
Ich habe darüber sporadische Mitteilungen erhalten, eine syste-
matische Anwendung selbst aber nicht versucht.

Der Droschkenkutschersitz

Auch wer noch nicht viel über das Autogene Training erfahren
hat, kennt meist – besonders aus Abbildungen – den Droschken-
kutschersitz. Mit dieser Bezeichnung ist das Üben auf einem
Sitz ohne Rückenlehne geradezu klassisch beschrieben. Leider
haben nicht alle, die ihr Training in dieser Sitzhaltung ausführen,
einen befriedigenden Erfolg erzielt. Mit dem »Droschkenkut-
schersitz« soll eine entspannte Haltung charakterisiert werden,
die ältere Menschen noch sehr gut aus der Zeit der Pferdedrosch-
ken und der Wiener Fiaker kennen: Der Kutscher, in Erwartung
eines Kunden, sitzt vornübergeneigt, schlafend oder dösend auf
seinem Kutschbock, der bekanntlich weder Rückenlehne noch
beiderseits nahe und brauchbare Armstützen aufweist. In dieser
Haltung erkannte J. H. Schultz die spontane Gleichgewichtsre-
gulation im nicht unterstützten Sitzen – auf einem möglicherweise fahrenden Wagen! – und im Zustand dösigen Abschaltens,
leichten Schlafs oder gar in angetrunkenem Zustand bei einem
Menschen, dessen Außenreizangebote vergleichsweise gering
waren und zu fortschreitender Einförmigkeit führten. Diese
richtige Beobachtung setzte Schultz in die Technik des Autogenen Trainings um.

Indifferentes Gleichgewicht auf dem Hocker

Niemand kann heute auf die bloße Anweisung hin, er solle wie
ein Droschkenkutscher sitzen, das Training im Sitzen ordentlich
erlernen, weil die Haltung des Droschkenkutschers heute keinen
Symbolcharakter mehr hat. Ich bin deshalb davon abgekommen,
neuen Schülern diese Bezeichnung zu vermitteln. Lieber helfe
ich meinen Schülern, sich im Selbstversuch auf einen geeigneten
Hocker fallen zu lassen und in solchem Zusammengesunkensein
feine Schwingungen der Gleichgewichtssuche aufzuspüren.

Deshalb vermittle ich die Sitzhaltung auf dem Hocker frühestens nach den ersten vier Einstellungen, damit der Schüler nicht unter erschwerten Bedingungen (immer verglichen mit der optimalen Rückenlage) erstmals hier erfährt, was Schwere ist. Die eigene Vorerfahrung der Armschwere, im Liegen erworben, wird in den Übungsablauf im Sitzen eingebracht.

Das ausbalancierte Sitzen auf einem Hocker muß man sich zeigen lassen. Es kommt wesentlich darauf an, daß dabei das Gleichgewicht des ganzen Körpers in das Becken lokalisiert wird. Das gelingt keinesfalls durch bloßes Vorwärtsbeugen des Oberkörpers, das nur zu einer weiteren Beengung im Leib und nachteiligem, passivem Aufstützen der Arme auf die Oberschenkel führt. Eine besondere Möglichkeit, die Übung auf dem Hocker durchzuführen, bietet sich jedermann auf dem WC.

Schultz hat vor vielen Jahren das gesicherte Training auf dem verschwiegenen Örtchen allen denen empfohlen, die tagsüber keine andere Möglichkeit finden. Seitdem lasse ich alle Schüler, die in Büro oder Fabrik, in der Schule oder im Kolleg eine Entspannung und Regeneration brauchen, ein Kurztraining auf der Toilette durchführen.

Im Stehen

Ein abgekürztes Training mit selektiver Entspannung der Hals- und Schulterregion geht ebenfalls auf J. H. Schultz zurück. Es ist dazu nötig, ein bißchen breitbeinig-fest zu stehen und im Rücken sachten Kontakt mit einer Wand zu suchen. Das diskrete Berührungserlebnis der Schulterblätter an der Wand reicht aus. Die Augen dürfen nur geschlossen werden, wenn der Trainie rende absolut schwindelfrei ist. Die Arme hängen entspannt neben dem Körper. Die Einstellung lautet: »Ich bin ganz ruhig – Arme schwer – Nacken und Schultern schwer – ich bin ganz ruhig – Atem ruhig und gleichmäßig.« Die Zurücknahme ist erforderlich, damit keine Schlaffheit in den Armen und Händen zurückbleibt, deshalb sind gerade bei diesem Versuch der feste

Faustschluß und kräftige, langsame Armbeuge besser als noch so lebhafte Freiübungen der Arme.

Die beschriebene, immer nur kurz auszuführende Übung im Stehen bewährt sich bei jedem ermüdenden Warten. Ich selbst führe sie in kurzen Pausen durch, weil Verkrampfungen in ersten Anfängen so gut wie immer im Nackenbereich lokalisiert sind. Es ist aber einfach auch lustvoll, das gewohnte Training sich in einem eindrucksvollen Teilerlebnis mitten in der Arbeit ganz schnell in Erinnerung zu rufen. Erinnern heißt hier natürlich körperlich erinnern.

»Flossenspiel« – auf und ab

Noch ein Kurztraining macht besonderen Spaß: In Rückenlage auf dem Wasser, am besten im warmen Wasser eines Hallenbads, »vertäut« sich der Schwimmer mit den Zehen an der Haltestange oder einer Leitersprosse und stabilisiert sich mit minimalen spielenden Handbewegungen, ähnlich den Fischen, wenn sie in der Strömung »stehen«. Schwereerlebnis und Atemerlebnis lassen sich sehr schön miteinander vereinen. Beim Ausatmen sinkt der Schwimmer etwas tiefer, beim Einatmen hebt er sich empor – die Rhythmik des Atmens wird sinnfällig erlebt im Auf und Ab. Das sachte »Dümpeln« wird hier Wirklichkeit durch den ruhigen Atem. Im Atemkapitel war die Rede vom dümpelnden Boot als Hilfsvorstellung für den ruhigen Atem. Das Wärmeerlebnis im Wasser erfährt eine oftmals erst hier universelle Ausbreitung, wobei der Kopf, außerhalb des Wassers, an dieser Generalisierung unbeteiligt ist. Pulserlebnisse kenne ich bei dieser verspielten Variante nicht, wahrscheinlich dominiert der Atemrhythmus so deutlich, daß daneben der andere biologische Rhythmus von Herz und Puls überdeckt bleibt.

Das »Kleine Training« ist offensichtlich auf ungewöhnliche Situationen abgestimmt und vorerst Sache derer, die im Erlernen des Autogenen Trainings bis zur vierten Einstellung gelangt sind.

Der Leib

In der konzentrativen Selbstentspannung des Autogenen Trainings nimmt der Leib oder Bauchraum mit seinen Organen besonderen Anteil an der Harmonisierung vegetativer Steuerungen. Der Leib ist als Teil des Körpers angesprochen und rückt erst im Training an eine Stelle im Körperschema, wo er deutlich wahrgenommen und lustvoll erlebt wird, während man ihn sonst im ganzen nicht registriert, es sei denn, er bringt sich durch Schmerz, Verkrampfung, Kolik oder diffuse Unlust in Erinnerung.

Was ist »Leib«?

Anatomisch gesehen ist der Leib (lat. abdomen) die größte der drei Körperhöhlen – neben Schädelraum und Brusthöhle – und weist einige Besonderheiten auf, die für das weitere Training bedeutsam sind.

Im Gegensatz zu den anderen Körperhöhlen ist der Leib nur teilweise knöchern umschlossen (Rippenbogen, Becken, Lendenwirbelsäule).

Das Zwerchfell als obere, der Beckenboden als untere muskuläre Begrenzungen weisen Ein- und Austrittspforten auf.

Die vordere Bauchwand ist eine Muskelwand von kulissenförmigem Verbund; ihre Beteiligung am äußeren Vorgang der Atmung wirkt auf die Baucheingeweide zurück; als sogenannte Bauchpresse bewirkt sie die Entleerungen und die Austreibung des Kindes bei der Geburt.

In der Bauchhöhle befinden sich zahlreiche Organe von unterschiedlichem Bau und Funktion, die insgesamt über ihre regionalen vegetativen Zentren von einer übergeordneten Schaltstelle gesteuert werden. Diese heißt anatomisch *plexus solaris*, zu Deutsch: das Sonnengeflecht.

Autogenes Training für den Menschen als Ganzes verlangt die Einbeziehung des Leibes in das Training. Der Leib in seiner komplexen Vielfalt morphologischer und funktioneller Details wird im Autogenen Training über die Einstellung des

plexus solaris auf ein dynamisches Wärmeerlebnis angesprochen.

»Plexus strömend warm«
Mit dieser Formel richtig umzugehen ist nicht schwierig, es erfordert aber mehr Einsicht in sinnreiche Zusammenhänge des
Organismus, als dies beim Erlernen der Schwere- und Wärmeeinstellungen an den Gliedmaßen nötig war.

Zunächst muß man als Übender eine Vorstellung davon haben,
wo dieser Solarplexus liegt. Da nicht nur Ärzte, Medizinstuden-
ten und Krankenschwestern das Autogene Training mit Ein-
schluß der Plexusübung erfolgreich erlernen, bedarf es offensichtlich keiner subtilen anatomischen Kenntnisse, um richtig
in die Gegend des Organs zu »zielen«, wenn der Plexus eingestellt wird. Allgemeine Orientierungshilfen (». . . zwei Querfin-
ger über dem Nabel, hinter dem Magen gelegen . . .«) haben sich
weniger bewährt als die schlichte Hinführung des Schülers auf
seine Leibmitte, die nicht von außen markiert, aber von innen
erlebt werden kann. Zufällig liegt der Plexus im Bereich der tat-
sächlichen Körpermitte, die durch den Schnittpunkt der drei
Körperachsen definiert ist.

Wer es genauer wissen will, kann sich nur an einem anatomischen Atlas orientieren. Dort wird er finden, daß der Plexus
solaris zusammen mit einem Geflecht weiterer Plexus vor oder
neben der Bauchaorta und damit vor der in den Bauchraum vor-
springenden oberen Lendenwirbelsäule liegt – ein im ganzen wenig eindrucksvolles Flechtwerk aus Ganglien und Nervensträn-
gen. Sichtbar wird der Plexus von außen erst, wenn man einen
Großteil der Eingeweide entfernt. Die Übersetzung dieser optischen Wahrnehmung in die Selbstwahrnehmung im Zustand des
sich aufbauenden Trainings bereitet indessen einige Schwierigkeiten. Manchmal geht die Peilung zu tief, dann lokalisiert der
Übende zu weit »hinten«, im Rücken, öfter aber fällt die Peilung
zu kurz aus, dann bleibt der Übende in dem Versuch stecken,
das Wärmeerlebnis vorne unter der Bauchdecke zu realisieren.
Die richtige Einstellung gelingt ohne Denkarbeit, fühlend, von

innen heraus: »Da, wo ich Mitte bin, tief in mir – Plexus strömend warm!«

Meine Mitte
Nicht von außen, also von vorne auf und in den eigenen Bauch
zielend, wird das Sonnengeflecht gefunden. Wir »haben« eben
unseren Plexus, wie wir Arme und Beine haben, die wir auch
nicht von außen in Augenschein nehmen, sondern an uns befind-
lich erleben.

So ist es nur natürlich und selbstverständlich, sich diese Körperstelle, wo der Plexus liegt, in das vervollständigte Körperschema zurück zu erinnern. Seinen Plexus zu finden heißt, sich
selbst an bestimmter Stelle wiederzuentdecken. Wiederfinden
als Rückgewinn, ähnlich wie bei all den Körperstellen, die wir
vergessen haben – oder deren sich unsere spezielle Verdrängung
nicht erinnern will.

Der Mensch in der Entspannung ist fähig, sich punktuell auch
am Ort seines Plexus zu finden, wenn er – von seinen Außenbe-
reichen kommend – auf die faktische Mitte seines Organismus
zugeht. Nicht oben und unten, nicht vorne und hinten, nicht
rechts und links – mittendrin: »Plexus strömend warm.«

Die Formel
Anatomie und Physiologie lehren, daß der Plexus die Tätigkeit
aller Bauchorgane unmittelbar oder mittelbar steuert. Es ist die
einfache und deshalb geniale Folgerung von J. H. Schultz gewesen, diesen Plexus auf Vitalisierung anzusprechen, indem zu ihm
Wärme gelenkt wird. Subjektive Wärme ist objektiv vermehrte
Durchblutung; die Umkehrung der Erfahrung mit der peripheren Wärme in den Gliedmaßen.

Die Formel »Plexus strömend warm« entlockt dem Organismus mehr als eine Antwort. Subjektives, äußerst angenehmes
Wärmegefühl mitten im Leib ist die direkte Antwort. Sie kann,
muß aber nicht kommen. Indirekte Antworten in größerer Zahl
stellen sich häufig früher ein als das Wärmegefühl. Sie kommen
von den Erfolgsorganen der vegetativen Innervation über den
Plexus solaris. Die Bauchorgane melden sich in spezifischer

Sprache und bekunden damit überhaupt erst ihr Vorhandensein. Schmerz, Spasmus, träge Ruhe, Stauung und ungesunde Fülle werden dem Träger oftmals erst dabei bewußt. Im Vorgang der Lösung offenbart sich die vorhandene Spannung.

Die Formel »Plexus strömend warm« enthält in prägnantester Kürze alles, was für die harmonische Dynamik im Bauchraum intentional vorgestellt und erlebend vollzogen werden kann. Die Organantworten interpretieren jeweils am betroffenen Organ, das der Harmonisierung seiner Funktion bedurfte, die Wirkung der allgemein gerichteten Umsteuerung im Ergebnis der speziellen Umschaltung. Die häufigste Antwort ist wohl eine spürbare, von außen tastbare und für den Übenden wie die anderen Anwesenden durchaus hörbare Ankurbelung der Darmmotorik, der Peristaltik: Magenknurren, plätschernde, kullernde Darmgeräusche bestätigen unverkennbar das »Angehen« der Plexusübung.

In nächster Folge stehen Antworten aus der Plexusanregung, die für den Übenden unabweisbar sind, wie Stuhl- oder Harndrang, gelegentlich berichtete sexuelle Gefühle, Erektionen, selbst Steigerung in den Orgasmus mit Pollution beim Manne.

Die sichere, prompte und im Ernstfall geduldig durchgehaltene Plexusübung hilft Koliken des Darmes, der Gallenwege und des harnableitenden Apparates beseitigen. Sicherer Umgang mit dem Autogenen Training, zentriert auf den Plexus, bewährt sich in der Geburtshilfe. Autogen trainierte Frauen weisen eine kürzere Gesamtzeit der Geburt auf. Über diese Anwendungen und Wirkungen des exakten autogenen Trainings liegen viele Publikationen vor.

Der Bauch als Raum

Der Bauch als Raum wird erfahren in seinen Grenzen, die in der Hauptsache eigenbewegliche Muskelplatten sind, womit die wiederentdeckte Lebendigkeit in diesem Körperteil in der Beweglichkeit seiner Wände Ausdruck bekommt. Neben der erlebten Motilität des Zwerchfells kommt der bewußten Wahrnehmung des Beckenbodens große Bedeutung zu, für die Frau sind das in bezug auf Menstruation, Schwangerschaft und Geburt

ganz ichnahe Leiberlebnisse. Der Mann sollte sich am Becken-
ausgang besser erfahren. Beide Geschlechter benötigen ihr siche-
res »Dortsein«, nicht zuletzt im Hinblick auf die vielen funktionellen Störungen der Sexualität.

Ob eingezogener Bauch, ob ausladende Rundung fettleibiger
Bäuche – aus dem Zentrum des Plexus gesehen sind die Bauch-
wände keine starre Hüllen und werden an ihrer Innenseite fühlbar, besonders wenn eine Peristaltikwelle daran entlangrollt.

Erst der vertiefte Umgang mit der Plexuseinstellung gewährleistet schließlich auch Selbsterfahrungen im Bereich des äußeren
und inneren Leibschemas als Körperhöhle mit Begrenzungen
und Tiefen. Gekoppelt an das Atemerlebnis, vermittelt das Leib-
erlebnis die »inwendige« Kenntnis vom Zwerchfell bis zur
schwer definierbaren Evidenz eines Gefühls von Anwesenheit
im eigenen Leib. Im Widerspruch zu unserem Wissen, daß der
Mensch durch Mund, Nase und Luftröhre ein- und ausatmet,
verdichtet sich eine schlechthin evidente Paradoxie von der
»Ausatmung in den Bauchraum hinein«. Hier werden Grenzen
des Erklärbaren sichtbar, und das Irrationale letzter Binnenerfahrungen des Menschen mit sich selbst, im Zustand der Autohypnose wohlverstanden, bleibt unbeantwortet.

Der Kopf

Die sechste Einstellung vervollständigt die Unterstufe, und der
autogen Trainierende wird im Zustand des autosuggestiv hergestellten Hypnoids als Ganzheit dargestellt. Ohne Plexuseinstellung und ohne Einstellung der Stirnkühle bliebe das Autogene
Training eine nützliche Entspannungsübung an Armen und Beinen, pointiert im Pulsrhythmus, gewiegt im Atemrhythmus –
aber auch nicht mehr.

Wohin mit dem Kopf?
Gedankentätigkeit, das Wirken von Ratio und Willen, wurden
zu Beginn des Trainings mit der Ruhetönung wegsuggeriert.
Dieses vorläufige Beiseitelassen des Kopfes ist Einstiegshilfe für

den Lernenden; nur so kann er zunächst die Konzentration auf umschriebene Gliedabschnitte lernen und von da über die Generalisation sich aller Gliedmaßen in muskulärer Tonusverminderung und allgemeiner Gefäßrelaxation versichern. Die Generalisierung greift auf den Rumpf über. Die erlebten Lebensrhythmen von Puls und Atem zentrieren die Selbstschau; sie öffnen den Weg in den Leib, wo Bauchpuls und Mitbeteiligung am Atem die vitale Mitte finden lassen.

Kopflos kann das Training nicht bleiben, aber der denkende Kopf, das reflektierende Gehirn bleiben weiterhin unbeteiligt. Eine Kopfregion, die nicht denkt, sondern selbst als anwesend empfunden wird, kann schließlich in die tiefe Entspannung einbezogen werden. Dies geschieht mit der Formel: »Stirn angenehm kühl.« Schultz sprach vom »kühl abkonzentrierten Kopf«. Er gab seinen Schülern und Patienten gern das Bild zur Veranschaulichung: hohe subtropische Schneegipfel, wie Fujijama oder Kilimandscharo, thronen über der üppigen warmen Region kräftiger Vegetation.

Kühl, nicht kalt

Von allen Warnungen vor übermäßiger oder falscher Anwendung bestimmter Formeln, die J. H. Schultz lebenslang schriftlich und mündlich mit nie endender Geduld wiederholte, galt seine Sorge am meisten der richtigen Intendierung und Dosierung der Stirnkühle. Kalt als Vorstellung auf die Stirn projiziert kann sehr unangenehme Folgen für den Übenden haben. Unsere Erfahrungen mit Schülern und Patienten, die mit der Anweisung sorglos oder unbedacht umgehen, bestätigen in jedem Fall die Wichtigkeit der gründlichen Instruktion. Die Stirn als Teil des Kopfes, Repräsentant zugleich und ideales Übungsfeld für eine subtile Gefäßübung, kann und darf nur als kühl vorgestellt werden. Kopfschmerzen, bei Disponierten auch Migräneanfälle, sind die häufige Folge unsachgemäßer Experimente.

Sonnenschein und Schatten

Als Unterstützung bei Schwierigkeiten mit der Handwärme habe ich Lernenden immer empfohlen, sich die ruhig daliegende Hand von der Sonne beschienen vorzustellen. Wenn mir beim Durcharbeiten der Erfahrungen mit der Stirnkühle berichtet wird, daß »nichts da« war, gebe ich einen Hinweis ganz ähnlicher Art. Ich suggeriere im Wachzustand während des Gesprächs dem Schüler die Vorstellung, daß er im Sommer um die Mittagsstunde eine ungefähr nach Süden führende Straße entlang geht, immer das Gesicht im Sonnenschein, bis er bemerkt, daß die gegenüberliegende Straßenseite schon im Schatten liegt. Er überquert die Straße und erlebt im Eintritt in den Schatten das, was die Formel meint. Der Umschlag von warm nach kühl ist hier elementar, dem eigenen Erleben des Schülers nah, erfahrungsbelegt, anschaulich und sofort einfühlbar. So ichnah wird der Kopf zu einem passiv rezeptierenden Körperteil. Der Kopf denkt nicht, während die Stirn fühlt.

> »Kopf kühl, Füße warm,
> macht den besten Doktor arm.«

Sobald die Stirnkühle erarbeitet ist, kann sie zur Verbesserung der Wärme in den Füßen herangezogen werden. Wenn alle sechs Einstellungen gefunden sind, eignen sich Übungspaare in spielerisch abwechselnder Einstellung vorzüglich zur Verstärkung beider Bereiche. In der Gegensatzbildung und Herausarbeitung der polaren Andersartigkeit stellt der autogen Übende den idealen polaren Gegensatz absolut gesunden Wohlbefindens her, den der Volksmund so treffend beschreibt.

Synthese der Gesamtübung

Das Ganze stellt, wenn das Training erfolgreich abgeschlossen ist, mehr als die Summe aller seiner Teile dar. Spätestens auf dieser Stufe *erlebt* der Trainierende, was ihm schon am Anfang der Ausbildung gesagt werden sollte. Es ist nicht überflüssig, den Lernenden gleich eingangs nachdrücklich darauf hinzuweisen, daß keine der Einzeleinstellungen der Unterstufe für sich erlernt wird. Ganz konkret heißt das: weder Körperschwere noch sonst ein Organerlebnis im Autogenen Training bildet für sich genommen ein endgültiges Übungsziel.

Jede Einstellung wird im analytisch-synthetischen Lernprozeß so gründlich erarbeitet, daß sie fortan »auf Ansprache« prompt eintritt. Das schlagartige Herstellen aller Teilübungen durch die jeweilige kurz erinnerte Formel oder die bloße Vorstellung ihrer inhaltlichen Aussage in der einmal einprogrammierten, stets beibehaltenen Abfolge bewirkt in wenigen Sekunden ein Hineinfallen in das Hypnoid. Der Übende ist jetzt »im Training«, und er bietet sich dem Zuschauer als ein Mensch in nicht zu übertreffender, den Betrachter fraglos überzeugender Ruhe dar.

»Die Versuchspersonen«, schreibt Schultz in seinem Lehrbuch, »müssen in der Lage sein, durch einen kürzesten Akt innerer Konzentration schlagartig die spezifische Umschaltung zu vollziehen, so daß der Körper als schwere, warme, ruhende Masse von gleichmäßigem Pulse und ruhig fließender Atmung erfüllt von dem kühl abkonzentrierten Kopf gewissermaßen getrennt erlebt wird.« Dem ist noch hinzuzufügen, daß das zentrale Selbsterleben leibhaftig, also im Leib lokalisiert ist. Der »kühl abkonzentrierte Kopf« ist der zwar nicht mehr denkende, sonst das naive Leiberleben dominierende Kopf, aber er ist wesentlich doch da. Seine Anwesenheit, mit der formelhaft einstudierten Stirnkühle direkt angesprochen, ist erfahrbar in der meist gut ausgebildeten Gesichtsschwere, die subjektiv als wohltuende Müdigkeit und objektiv als ein total entspanntes, dümmlich wirkendes Gesicht evident wird. Der Unterkiefer sinkt dank der Muskelrelaxation auch der Kaumuskulatur etwas herab, weshalb der Mund fast immer leicht geöffnet ist.

»Die organismische Umschaltung«

Der von Schultz geprägte Terminus besagt, daß der gesamte Organismus im Zustand der optimalen Muskelrelaxation und peripheren Wärmeregulation als eine Einheit biologisch auf Sparschaltung und in ausgewogener Harmonie funktioniert und dabei subjektiv so erlebt wird, wie es Übende unabhängig voneinander immer wieder übereinstimmend ausdrücken. Die fast identischen Beschreibungen vieler autogen Trainierender lassen erkennen, daß unabhängig von der jeweiligen Person eben nicht individuelle Erlebnisse im Sinne von »Entrückungen« stattfinden, sondern gesamtmenschlich typische Binnenerfahrungen bewußt gemacht werden, die ursprünglich zum Erlebnisbestand der Species Homo gehören, aber im tätigen Wachbewußtsein überdeckt sind. Weil sie aufgedeckt und dem naiven Erleben zugänglich gemacht werden, ist das Autogene Training streng genommen auch ein »aufdeckendes Verfahren«, wenngleich methodisch anders und tendentiell anderswohin zielend als die Psychoanalyse. Die »Organismische Umschaltung« hebt das Autogene Training – allerdings nur in dieser vervollkommneten Aneignung – auf die Stufe eines therapeutischen Verfahrens, das dem Ich eine Selbstwahrnehmung in leibhaftiger Identität vermittelt.

Das wissenschaftliche Fundament
Die Organismische Umschaltung offenbart sich in einer Reihe meßbarer Vorgänge, Zustandsgrößen und Funktionsabläufe. Der Mensch in der Entspannung ist dabei unverändert personhaft identisch mit sich, ja in sich und für sich selbst deutlicher und geschlossener. Die Beseitigung neurotischer Fehlhaltungen und die wiedergewonnene Harmonisierung bis dahin wirksamer vegetativer Fehlsteuerungen rufen subjektive Gefühle von Wohlbefinden und Gesundheit hervor. All das, was der Übende an sich selbst als Aufhebung des Unnatürlichen, des Krankhaften erlebt, ist der physiologisch-klinischen Untersuchung direkt zugänglich und wurde in zahlreichen wissenschaftlichen Arbeiten verifiziert.

Die praktische Synthese
Nach dem »Buchstabieren« des Autogenen Trainings in seinen standardisierten Formeln Ruhe – Schwere – Wärme – Puls – Atem – Plexus – Stirnkühle »liest« der trainierende Schüler und Adept das Training als Kontext.

Wenn die Einübung das vorgestellte Ziel, alle Einstellungen schlagartig und prompt zu finden, erreicht hat, vermag man spielerisch im Vollbesitz der Umschaltung mit einzelnen wieder erinnerten und betonten Einstellungen sein jeweiliges Training zu vertiefen und beliebig zu verlängern.

Ich unterrichte meine Schüler darin, die Durchübung bis zur Umschaltung als Routinetraining zum Beispiel morgens bei wenig verfügbarer Zeit in den rituellen Ablauf vom Aufstehen bis zum Verlassen des Hauses auszuführen. Routinepflege gehört zur dauerhaften Aneignung aller Fertigkeiten. Das Autogene Training ist nur dann jederzeit verfügbar für die Beseitigung von Unruhe und die so nötige Regeneration im Tagesablauf, wenn man darin immer fit bleibt.

Von dieser Tagesübung am Morgen zur Aufrechterhaltung der erforderlichen Virtuosität unterscheidet sich eine Trainingszeit am späten Nachmittag oder frühen Abend. Sie soll länger durchgehalten werden. In ihr können »schwache Stellen« aufgebessert, Lieblingseinstellungen gepflegt und das volle Training immer wieder ausgebaut werden. Während der Ruhe im vollen Autogenen Training ist es wichtig und hilfreich, einzelne Einstellungen miteinander zu kombinieren, sei es zur gegenseitigen Verstärkung, sei es zur Herausarbeitung eines wirksamen Kontrasts. In beiden Fällen vertieft sich das Training, und die Gefahr des »Wegschwimmens« in wohligem Dösen ist vermieden.

Verstärkendes Miteinander: vier Modelle
Kopplungseffekte verstärkender Wirkung sind möglich und ausreichend erprobt in folgender Weise:

Schwere und Atem, abwechselnd ein paarmal eingestellt, wurden als Verstärker für das Schwereerlebnis schon beschrieben. Im Ausatmen, im freien Loslassen der Luft, die sich den Weg nach außen sucht, nimmt die Schwere subjektiv nochmals zu und führt zu dem bis dahin vielleicht noch nicht realisierten Gefühl, tief eingebettet auf der Unterlage zu liegen. Dieses so herbeigeführte Schwereerlebnis hat nichts von einem drückenden, auf dem Körper lastenden Gewicht, vielmehr kommt solcher Schwere die Qualität eines sachten, widerstandslos in die Tiefe sinkenden Eigengewichts zu.

Periphere Wärme und Puls lassen sich ideal kombinieren. Der Zusammenhang von peripherer Durchblutung und Wärmeerlebnis ist sinnfällig und an bildhafte Vorstellungen geknüpft. Das Einströmen von Blut in Finger und Zehen impliziert Wärme. Das Gegenteil drückt sich in krampfhaften Wirkungen aus.

Zentrale Wärme, vom Plexus ausgehend, und periphere Wärme erhöhen, gemeinschaftlich oder abwechselnd vorgestellt, das generelle Wärmeerlebnis, das nicht selten mit dem Gefühl einer alles ausschließenden Geborgenheit verbunden ist.

Atemerlebnis und Plexuseinstellung kombiniert rufen ein universelles Leiberleben hervor, das mit dem Erlebnis größerer Weite verknüpft ist. Der gesamte Rumpf imponiert als große, geschlossene Einheit; dabei mögen Arme und Beine vorübergehend aus dem Bewußtsein zurücktreten, was völlig ohne Belang ist, da sie ihrerseits ebensogut wieder herangeholt werden können. Wenn im totalen Rumpferlebnis der Rücken in ganzer Ausdehnung erinnert wird, kann dort Schwere und Wärme auftreten. Der Rücken als die am wenigsten sensible, bei vielen Menschen stumme Region gehört zum Ganzen und soll im vollen Training darstellbar sein.

Biologischer Nord-Süd-Kontrast

Wärme in den Füßen, zusammen und abwechselnd mit Stirnkühle eingestellt, verstärkt beide Empfindungen. Damit kann man ein nur diskretes Stirnerlebnis deutlicher machen und zugleich die Qualität der Durchblutung beider Füße verbessern. Wie heilsam diese Polarisierung ist, läßt sich zusätzlich an der Tatsache nachweisen, daß bei bestimmten Krankheiten, vom Fieber bis zu schweren Zuständen nach Operationen oder im Apoplex, die künstliche Wiederherstellung der gesunden Polarisierung mit Wärmflasche einerseits und Eisbeutel andererseits gefördert werden muß.

Basis für weiteres

Im Zustand der Organismischen Umschaltung erlernt der Schüler die Fähigkeit, lange genug im Training zu verweilen, ohne daß er in indifferenten Lustempfindungen dahinschwebt, einschläft oder nach außen abgezogen wird.

Wer im Training weiterkommen will und die Methode vor allem für seine individuellen Indikationen anwenden möchte, muß im Training bleiben. Oft wurde mir gesagt, die Übung an einem bestimmten Tag sei so gut verlaufen, daß kein Bedürfnis bestand, das Training abzuschließen. »Am liebsten hätte ich gar nicht mehr aufgehört.«

So schön das auch sein mag – mit gewisser kritischer Skepsis muß sich der Übende selbst sagen, daß das Verweilen in einem solchen »Nirwana« letzten Endes unproduktiv bleibt. Nicht umsonst hat J. H. Schultz das Nirwana-Erlebnis als Ergebnis kleinster Wahl in bestimmten, für die Unterrichtung im Autogenen Training schwierigen Fällen akzeptiert und das Hinarbeiten auf diese indifferente Resonanzdämpfung empfohlen.

Da Autogenes Training »Lassen« und nicht »Tun«, jedoch produktives Erleben am Leibe ist, gestattet das erreichte Zwischenziel der Organismischen Umschaltung die Einarbeitung der sogenannten formelhaften Vorsätze und schließlich die Fortsetzung der Übung in meditativen Vorstellungen der Oberstufe. Über beides unterrichten die nächsten zwei Kapitel, zuvor aber behandle ich kurz eine Erlebnisqualität, die ich zur Unterstufe rechne.

Nachtrag: Die Haut – Folgerungen aus einem Experiment

Im Kapitel über das »Kleine Training« habe ich eine Kurzform des Trainings in Rückenlage auf dem Wasser beschrieben. Im Selbstversuch erlebe ich dabei eine deutliche Beziehung zur Haut, zu dem Organ des Körpers, das als Umhüllung ganzkörperliche Beziehung hat und – ähnlich wie der Leib – unter den gewöhnlichen Bedingungen des reflektierten Daseins »vergessen« ist.

Viktor von Weizsäcker war meines Wissens der erste, der den Aussagewert der bekannten Redeweise »ich fühle mich wohl in meiner Haut« für die psychosomatische Medizin erkannt hat. In der funktionellen Entspannung (siehe Schlußkapitel) spielt die Herausarbeitung eines spezifischen Hauterlebnisses im Sinne des »Sich-in-seiner-Haut-Fühlens« eine besondere Rolle.

Mit den Dermatologen nehmen wir den Organcharakter der Haut ernsthaft zur Kenntnis und erinnern uns dabei, daß die Haut psychosomatisch eine variantenreiche, ausdrucksvolle Organsprache besitzt. Die physiologische Globalleistung der Haut besteht darin, Grenze zu sein zwischen drinnen und draußen, zwischen Ich und Welt im direkten körperlichen Kontakt. Die weiteren Funktionen der Infektabwehr, Wärmeregulierung mit Hilfe der peripheren (kapillaren) Gefäßinnervation, Schweißsekretion und Integration diverser Hautsinne können zunächst beiseitegelassen werden.

Das Grenzerlebnis drinnen-draußen ist im gewöhnlichen Medium der Luft, kompliziert durch das Problem der Kleidung, schwerlich herstellbar. Im Medium Wasser, wo die unbekleidete Haut, eingestellt auf eine konstante Temperatur, ständiges Kontaktgefühl mit dem Nicht-Ich vermittelt, wurde mir die Haut als »Fell« evident. Beim Training der Rückenlage im Wasser ist die Doppeleinstellung »Schwere – Atem ruhig« sowohl im Nacheinander als auch im Zusammenklang der Rhythmen ein Basiserlebnis. Die Ausweitung des »Kleinen Trainings« betrifft ungerufene, schwer definierbare ganzheitliche Empfindungen, die ich nur so umschreiben kann: ich fühle mich in meinem Fell repräsentiert. Dieses Gefühl ist gut, verleiht mir Sicherheit und ist – nicht immer – verbunden mit der Tendenz, sich im Raume zu orientieren.

Die Übertragung dieser Erfahrungen auf das Training unter üblichen Bedingungen, jedoch im gut temperierten Raum und in unbekleidetem Zustand, war zuerst wenig befriedigend. Erst mit der Einarbeitung der (7.) Formel »Hülle warm, meine

Grenzen ruhig« konnte ich analoge Empfindungen realisieren.

Zu einer klinischen Überprüfung fehlte mir bislang die Gelegenheit. Die Versuchspersonen müßten ausnahmslos perfekt in der Unterstufe sein und dürften keine Hautleiden haben. Erst dann stellt sich hypothetisch die Aufgabe, einer Zahl von chronisch-allergischen Hautkranken das Autogene Training komplett zu vermitteln, um sie auf dieser Basis mit der tendentiell richtiggestellten Formel arbeiten zu lassen: »Grenze ruhig, Hülle angenehm *kühl.*«

Die Einstellung von Kühle auf juckende Hautpartien ist seit J. H. Schultz bekannt und bewährt. Hier handelt es sich um Einstellungen zusätzlicher, vom Symptom geforderter Art im Sinne formelhafter Vorsatzbildungen bzw. Organformeln.

Die Herausarbeitung eines generellen Hauterlebnisses im Gesamtaufbau der Unterstufe steht nach diesen experimentellen Ergebnissen zur Diskussion.

Formelhafter Vorsatz

Da das Autogene Training in seiner vollendeten Unterstufe als Selbsthypnose einen kontrollierbaren, aufhebbaren psychischen Ausnahmezustand, nämlich das Hypnoid, herbeiführt, müssen weitere Einarbeitungen in dieses Hypnoid auf ihre Relevanz bezüglich dieses Basiszustands überprüft werden.

Eine im sachgerecht durchgeführten Unterricht regelmäßige Erweiterung und inhaltliche Bereicherung des Trainings ist die formelhafte Vorsatzbildung. Sie spielt im Autogenen Training die gleiche Rolle wie die posthypnotischen Befehle in der Hypnose.

In die Fremd- und die Selbsthypnose werden gezielte Aufträge eingebettet mit der Absicht, sie nach der Hypnose je nach Bedarf wirksam werden zu lassen. Im Zustand des gesenkten Bewußtseins ist die Psyche aufnahmewillig für suggestive Anweisungen. In der Hypnose gibt der Hypnotiseur posthypnotische Befehle, die er vor dem Zurückholen aus der Hypnose zusätzlich mit der suggestiven Anweisung belegt, zu vergessen, daß der Patient sie empfangen hat; er arbeitet aber suggestiv auch ein, daß der Befehl zu gegebener Zeit automatisch ausgeführt wird.

Die Autohypnose des Autogenen Trainings, wenn es seinen Namen zu Recht führt, arbeitet selbstkritisch an der Grenze auch nur minimaler fremdhypnotischer Einflüsse. Es darf nicht unterschätzt werden, daß der Lehrer im Autogenen Training, mag er noch so kontrolliert arbeiten und nicht direktiv anleiten, heterosuggestive Impulse setzt.

Das Problem suggestiver Zusatzformeln »für später«, für die alltägliche Symptombewältigung oder für die Arbeit an der eigenen Charakterstruktur und den Verhaltensmustern des Lernenden ist die heterosuggestive Minimaldosis.

Klaus Thomas geht sehr weit in der Darbietung ausgearbeiteter formelhafter Vorsätze. Es finden sich darunter viele erprobte

Formeln, die teilweise auf Schultz zurückgehen. Thomas legt aus insgesamt eintausend protokollierten formelhaften Vorsatzbildungen vierhundert ausgewählte Formeln vor, »deren günstige Ergebnisse auch für andere Patienten beispielhaft wirken können«.

Nach Thomas sollen die Formeln »möglichst kurz, eventuell klangvoll, positiv, rhythmisch, formelhaft einprägsam und eventuell gar (stab-)reimend lauten«. Zur Frage, ob die formelhaften Vorsatzbildungen in jedem Fall positiv gehalten sein müssen, nimmt Thomas mit Schultz Stellung gegen eine unumschränkte Anwendung der Regel und kommt zu dem Schluß, daß die Formeln möglichst positiv formuliert werden sollen, ausgenommen solche mit kategorischen Negationen. Hier nimmt Thomas eine feine Differenzierung negativer Aussagen auf, die Adolf Busemann dargelegt hat. Busemann unterscheidet konstatierende, resignierende und kategorische oder imperative Negationen. Ich teile diese Auffassungen nach meinen Erfahrungen mit Schülern und Patienten, möchte jedoch darauf in der folgenden Darstellung ausführlicher zurückkommen.

Vorbereitung

Schultz hat vor vielen Jahren im Schülerkreis eine Episode erzählt, die mich damals stark beeindruckte. Ich habe mit meinen Schülern und Patienten in analoger Weise häufig das gleiche erlebt. Schultz wurde gefragt: »Ich habe jetzt das Autogene Training perfekt erlernt, was soll ich damit anfangen?« Er teilte uns seine Antwort mit, die frappierend kurz und treffend war: »Was stört Sie?«

Wer das Autogene Training ohne einen Symptomdruck erlernt, nur weil sein Interesse auf eine probate Methode gelenkt wurde, mit deren Hilfe er einen souveränen Umgang mit sich selbst zu finden hoffte, steht am Abschluß der Unterweisung in die Unterstufe tatsächlich vor der Frage: »Was nun?«

Der allgemeine Gewinn aus dem Autogenen Training besteht

ohne Zweifel in der körperlichen Ökonomie effektiver Organfunktionen bei weitgehender Lösung vorher manifester Spannungen. Dieses Ergebnis kommt jedem zugute, der das Training vollständig beherrscht und nach Möglichkeit regelmäßig fortführt. Auch der »Gesunde«, der vegetativ ausbalancierte und in seinen gewöhnlichen Verhaltensmustern harmonische Mensch verbessert seine Gelassenheit. Ungleich mehr gewinnen mit der zuverlässig eingeübten Unterstufe diejenigen, die zuvor solche Ausgeglichenheit in körperlicher und psychischer Hinsicht vermißt hatten. Die meisten körperlichen Symptome werden von der speziellen Einstellung in der Unterstufe erfaßt, die sich auf das betroffene Organ oder den gestörten Funktionskreis bezieht. Im Zusammenwirken aller Einstellungen kommt es zu verbesserter Harmonie auch in solchen Bereichen, wo ein fühlbarer Symptomdruck nicht bemerkt oder unterdrückt wurde. Auch die psychische Gelassenheit, die der Übende selbst oftmals lange Zeit nicht bemerkt, entwickelt sich allmählich im Vollzug der regelmäßigen Trainingszeiten, ohne daß mit den Standardformeln eine direkte Einflußnahme auf die vorherige Erregbarkeit, Unruhe oder leichte Reizbarkeit erfolgt wäre. Die Organismische Umschaltung allein wirkt in vielen Bereichen stabilisierend und harmonisierend. Was übrigbleibt, erscheint auffälligerweise erst jetzt als Übel, als persönlicher Fehler, den man beseitigen möchte. Es gibt also wesentlich mehr Schüler und Patienten, die nicht fragen: »Was soll ich jetzt mit dem Training anfangen?«, sondern die gerade nach der erfolgreichen Beseitigung des Leitsymptoms entdecken: »Ich habe da noch etwas, es ist mir jetzt erst deutlich geworden, kann ich das auch mit dem Autogenen Training angehen?«

Wer kennt aber unter den Lehrern des Trainings nicht die zu Recht Unbefriedigten, die bei gutem Allgemeinerfolg und merklicher Besserung ihres Symptoms gerade dieses restlos »aufgearbeitet« sehen möchten? Sie alle – die zufriedenen Könner, die lernwilligen Entdecker neuer Anwendungsgebiete und die nur teilweise Befriedigten – benötigen eine Erweiterung ihres Trainings. Alle brauchen formelhafte Vorsatzbildungen.

Sechsmal schultzen, einmal müllern
Die Vorbereitung des Schülers oder Patienten auf den neuen
Abschnitt in der Ausbildung oder Therapie beginnt mit einer
kurzen, einprägsamen Instruktion. Der Erwerb der kompletten
Unterstufe muß als Basistraining erläutert werden, das in seiner
am physiologischen Verständnis des Autogenen Trainings entwickelten Standardisierung zunächst jeden Lernwilligen ohne
Rücksicht auf Symptom und Übungsziel umschaltet. Die Ein-
studierung, besser noch die Einarbeitung der sechs Einstellungen
der Unterstufe sind das ABC des Trainings, ein Grundkurs sozusagen. Meine Schüler bekommen gesagt, daß jetzt der Zeitpunkt erreicht ist, da das Autogene Training zu »ihrem« Training
ausgebaut wird, indem zu den Standardformeln nach
J. H. Schultz (das »Schultzen«) ihre persönliche Formel hinzu-
komponiert wird. Herr Müller erfährt jetzt, daß er zwar weiter
»schultzen«, aber ergänzend, abrundend auch ein wenig »müllern« wird.

Autogen auch der formelhafte Vorsatz
Die weitere Instruktion beschränke ich darauf, meinen Schüler
im Gespräch anzuregen, mir seine etwaigen Bedürfnisse hinsichtlich einer Erweiterung der von ihm jetzt beherrschten Methode zu beschreiben. Gemeinsam wird dann – nicht bei jedem
in dieser Vollständigkeit – durchgesprochen, was vielleicht fehlt,
was besser sein könnte und was, ganz im Umfeld seines Lebens
ändernd, regulierend, ausgleichend angegangen werden könnte.
Nach solchen Erwägungen wird der Schüler zuerst einmal aufgefordert, sich bis zum nächsten Mal selbst zu prüfen und sich
etwas Brauchbares einfallen zu lassen, möglichst in formelhaft
konzentrierter Kürze.

Der Schüler in der Ablösung
Ich bevorzuge Schüler, die sich zunehmend verselbständigen.
Das gewissenhaft durchgehaltene Grundkonzept heißt Autohypnose und nicht Heterohypnose. Für mich ist es ein Widerspruch, die Unterstufe als *Autogenes* Training zu vermitteln und
die formelhafte Vorsatzbildung als unverhüllte posthypnotische

Befehle auszugeben. Deshalb lernen meine Schüler – mit gewisser Hilfe natürlich – ihre formelhaften Vorsätze selbst finden. In der zweiten Sitzung der Zusatzausbildung im formelhaften Vorsatz bringt der Schüler eine Idee und meist auch gewisse Erfahrungen mit, über die wir uns unterhalten. Da noch kein Mensch zuviel gelobt, viele aber deprimiert wurden, lasse ich ihm soviel Bestätigung zukommen, wie sachlich möglich und für den mir persönlich gut bekannten Schüler nötig ist. Selten ist die vom Schüler selbst gefundene Zusatzformel, seine »Müllerei«, unverändert brauchbar. Oft aber liefert die autogen gefundene Formel den wichtigen Ansatz, ohne den eine richtige, für den jeweiligen Schüler maßgeschneiderte endgültige Formel schwerlich zu artikulieren wäre.

Das vorliegende Angebot des Schülers, mag es auch noch so ausgefallen sein, wird auf seine Brauchbarkeit nach formalen und inhaltlichen Kriterien analysiert. So habe ich vermieden, noch ehe der am Training interessierte und persönlich beteiligte Schüler sich selbst hätte überprüfen können, daß er mit den theoretischen Forderungen hinsichtlich Kürze, Einprägsamkeit, Affirmation und allenfalls Rhythmik einer idealen formelhaften Vorsatzbildung eingedeckt wird. Zugleich habe ich mich gehütet, ihm aus der Überlegenheit des Lehrers eine Formel anzubieten oder gar aufzuerlegen, die ich für angemessen halte. Ich bin nicht so sicher, ob es sinnvoll ist, einem Schüler oder Patienten kategorisch eine Formel anzugeben: »Nehmen Sie die, die ist richtig!«

Bei der Diskussion seines Formelentwurfs kommen wir nebenbei auf die wichtigen Postulate zu sprechen, die aus Erfahrung an eine »gut sitzende« Formel gestellt werden müssen. Über die offene oder versteckte Negation erlangen wir bald Klarheit. Busemanns Unterscheidung von Negationen berührt uns deshalb nicht, weil am konkreten Bedürfnis die effektive Notwendigkeit einer kategorischen Negation wirklichkeitsnah und ichgerecht für den Schüler entwickelt werden kann. Gewöhnlich stelle ich unser gemeinsam erarbeitetes formelhaftes Vorsatzbild ausdrücklich positiv, nicht skeptisch zur weiteren Diskussion

und rege an, mit dieser so gefundenen Formel ao lange zu arbeiten, als sie befriedigt und durch keinen besseren Einfall überbo-
ten wird. Feinarbeit daran stelle ich als nützlich hin: Die Formel
bleibt zunächst noch auf der Drehbank.

Individuelle Formeln

Formelhafte Vorsatzbildung ist – als fertig vorgestellte und
schließlich akzeptierte, weil praktikable Formel – in ihrer Text-
gestalt an den Standardformeln und der einleitenden Ruheformel
zu orientieren, deren Kürze und Prägnanz die Leitidee für die
Schlußredaktion jeder Formelbildung umschreibt.

Da aber die formelhafte Vorsatzbildung das jeweilige Individuum betrifft, das an der Ausformulierung wesentlich mitbeteiligt sein soll, können die Forderungen nach Kürze und Prägnanz
nur Rahmenvorstellungen schaffen, deren weitgehende Einhal-
tung hilfreich ist.

Viele formelhafte Vorsatzbildungen leisten vorzügliches, auch
wenn sie länger sind und zunächst gar nicht sehr einprägsam
klingen. Sie zeigen die persönliche Betroffenheit des Übenden
und spiegeln seinen anhaltenden inneren Dialog mit sich selbst
wider. Hier ist die prozessuale Auseinandersetzung eines Menschen artikuliert. Das kann wichtiger und wirksamer sein als
die einhämmernde Schlagkraft eines Slogans, den der Betreffende
möglicherweise unbewußt abwehrt. Günstige Voraussetzungen
bieten solche Formeln, die allen Ansprüchen an die formalen
Kriterien, wie sie schon Schultz und Thomas festlegten, genügen
und außerdem das Individuum so genau im Kern seines Problems
ansprechen, daß das prozeßhafte Durcharbeiten in Gang bleibt.
Aus meiner Lehrzeit bei Schultz ist mir ein Beispiel in
Erinnerung, an welchem diese Idealkombination deutlich
wird.

Als J. H. Schultz von einer redefreudigen, alle niederargu-
mentierenden Dame gefragt wurde, was sie nun mit dem Training anfangen soll, fiel ihr auf die Gegenfrage »was stört Sie?«

ein, daß sie sich gemieden und isoliert erlebt. Nach kurzer Besinnung auf die Ursache dieser Isolierung gab ihr Schultz die Formel: »Ich höre mich.« An Kürze und Einprägsamkeit ist diese Formel nicht zu überbieten. Sie stellt die Person ständig sich selbst gegenüber und spricht ihre Selbstkritik an. Eine Frau, die gewohnt ist zu sprechen, erinnert im Hypnoid »ich höre . . .«; einprogrammiert auf die extravertierte Haltung, an andere hinzureden, erinnert sie gleichzeitig im Zustand guten Empfangs suggestiver Anweisung die Haltung des korrigierenden Rückbezugs: ». . . mich«.

Anwendung aus dem Vorrat

Die erste formelhafte Vorsatzbildung richtet sich darauf, eine offenliegende Störung, ein belastendes Problem mit der eigenen Person oder einen Konflikt in Sachbezügen wie in interpersonellen Beziehungen zu bearbeiten. Mit dem Lehrer formuliert der Übende die geeignete Vorsatzbildung aus und arbeitet damit. Das kann wochenlang mit Erfolg geschehen, und eines Tages erkennt der Schüler, daß er mit Hilfe des formelhaften Vorsatzes sichtlich weitergekommen ist.

In dem Maße, wie der Trainierende im regelmäßigen Weiterüben seinen formelhaften Vorsatz mitverwendet, entsteht eine innere Distanz zu dem, was er als Störung empfunden hatte. Zwar kann die objektive Störung als solche noch bestehen, aber das persönliche Verhältnis zu ihr ist verändert. Der Stotterer hat, um es an einem Beispiel zu verdeutlichen, seine Schwierigkeit, die Worte sauber zu artikulieren und den Redefluß sicherer zu beherrschen, nicht völlig verloren. Was sich geändert hat mit einer Formel wie dieser: »Reden im Atemstrom«, ist das Selbstverständnis des Patienten. Eingearbeitet in das regelmäßige Training entwickelt sich eine Sprechweise, die nicht mehr unter dem Druck einer ständigen ängstlichen Selbstkontrolle und mit dem dazugehörenden Selbstdressat »gewollt« wird, sondern im zunehmend häufigeren Erfolgserleben »entdeckt« wird. Der Stotterer erwirbt einen Erfahrungsschatz, der sich dem Gedächtnis einprägt: »Es geht«. Allerdings droht an dieser Stelle eine unkritische Euphorie den Erfolg zu zerstören, wenn die allzumenschlichen Illusionen den Übenden unbemerkt dazu verführen, sich *einzureden,* daß es von jetzt an so weitergehen *muß.* Hier gerät der Betroffene aus der Kategorie des Umgangs mit dem Autogenen Training und fällt zurück in die Ambivalenz von Hoffnung und Enttäuschung, das heißt aber auch in die autoaggressive Umgangsweise imperativen Müssens bei erwiesenem Nicht- oder Wenigkönnen.

Ein ganzer Köcher formelhafter Vorsatzbildungen
Wir bleiben beim obigen Beispiel und entwickeln den Verlauf weiter. An der Stelle, wo die verblüffende Entdeckung des mühelosen Sprechens alle bisherigen Erfahrungen des Stotterers umwirft, reicht die bisherige Formel »Reden im Atemstrom« nicht mehr aus. Diese Formel kann das Gesamtsymptom des Hemmungsstotterns nicht erfassen, zumal die Ursachen dafür bei jedem Patienten anders liegen und die Faktorenkombination je nach Persönlichkeit quantitativ und qualitativ, aber auch hinsichtlich der Prävalenz verschieden ist. Der Patient kann bereits vor dem Erreichen dieser ersten kritischen Zäsur angeleitet werden, den mit Hilfe der Formel gewonnenen Stand in einer neuen Faktorenanalyse zu überprüfen. Allein oder besser gemeinsam mit dem Lehrer, erkennt nun der Stotterer, daß »Versager« trotz der allgemein hilfreichen Formel dann auftreten, wenn bestimmte Buchstaben oder ganze Wörter auszusprechen sind, die irgendwie mit Hemmung besetzt zu sein scheinen. Dann kann, im angenommenen Beispiel, die Hinzunahme einer weiteren Formel den Weg zu flüssiger Rede bahnen. »Auch Anreden ganz ruhig«, oder »M ein Buchstabe wie andere«, oder »Luftstrom trägt sogar . . .« (hier ist das am stärksten gehemmte Wort einzusetzen). Der Übende verfügt nach gewisser Zeit über ein paar formelhafte Vorsätze, die er zum einen austauschbar, zum anderen gekoppelt und aufeinandergebaut verwendet. Im Vorrat formelhafter Vorsatzbildungen besitzt der Patient ein Repertoir,

das er selbständig verwaltet und dessen Bestand und individuelle Brauchbarkeit er mit dem Lehrer gemeinsam kontrolliert.

Am besten bekannt sind formelhafte Vorsatzbildungen zum Abgewöhnen von Trinken und Rauchen. Bagatellisierende, die Bedeutung dieser Gewohnheiten verkleinernde Formeln werden der Aufgabe nicht gerecht. Wer das Rauchen und Trinken nicht lassen kann, ist – wie immer auch das verstanden werden muß – in ernst zu nehmender Weise darauf determiniert. »Rauchen ganz gleichgültig«, eine Formel, die viel angepriesen wird, mag da und dort ausreichen. Wo diese Formel hilft, war bei dem Betroffenen das Rauchen nicht besonders tief eingeprägt, nicht »gültig«. Kategorisch negierende Formeln mit stärkster Suggestivkraft müssen gemeinsam mit dem Raucher oder Trinker erarbeitet werden, wenn die Abgewöhnung wirklich zum Erfolg führen soll.

Warndreiecke auf dem Weg

Die gestellte Aufgabe ist jedenfalls nur zu lösen, wenn das erforderliche Hypnoid dauerhaft als beliebig herstellbare Leistung gelingt. Behandlungsbedürftige Raucher und Trinker werden nur in seltenen Fällen die Ausdauer aufbringen, sich innerhalb von drei bis vier Monaten in das Autogene Training einüben zu lassen. Die Hypnosebehandlung ist das Mittel der Wahl. Die dort hergestellte heterosuggestive Basis des mitteltiefen bis tiefen Hypnoids nimmt posthypnotische Suggestionen von der nötigen Qualität und Stärke auf. Die Fortsetzung und weitere Absicherung der Abgewöhnung kann ausgezeichnet im anschließenden, jetzt erst dazugelernten Autogenen Training mit geeigneten formelhaften Vorsatzbildungen erfolgen. Je nach der Persönlichkeit und ihrer Gesamteinstellung zu ihrem Suchtproblem werden in die gesuchten Sperrformeln ausgesprochen warnende, auf Konsequenzen hinweisende Wörter eingebaut. Der Arzt muß abschätzen können, wie weit er den Patienten mit und ohne vorausgehende Hypnose mit Hilfe von posthypnotischen Befehlen und formelhaften Vorsatzbildungen auch auf seine Lebensangst, besonders auf seine Verantwortung gegenüber nahen Angehörigen fixieren muß und darf.

Nicht alle, die sich Rauchen und Trinken als Störung ihres Selbstkonzepts mit Hilfe des Autogenen Trainings abgewöhnen möchten, sind Süchtige, sind Alkoholiker. In der Gesamtklientel überwiegen die Personen, die Neigungen und nicht ichgerechte Schwächen offenbaren. So kann man zum Rauchen und Trinken auch das Naschen, die ungehemmt lustvoll und dann mit Schuldgefühlen belastete Neigung zu übermäßiger Nahrungsaufnahme rechnen. Es ist bezeichnend, daß in der Gruppe der ambivalent reagierenden Menschen im Kampf zwischen Lust und nachfolgender Unlust auch jene in die ärztliche Sprechstunde kommen, die Onanieprobleme haben, weil sie subjektiv den Konflikt als ein suchthaftes Nicht-davon-los-Kommen erleben, obwohl das objektive Problem weiter weg vom Suchtgeschehen liegt und andere seelische Determinanten hat.

Mit formelhaften Vorsatzbildungen in einer ausgewogenen Zahl, die so klein wie möglich, so groß wie nötig ist, lassen sich ernsthaftere Störungen der Konzentrationsleistung und der psychophysischen Effektivität des Lebens behandeln. Konzentrative Selbstentspannung ist die interpretative Selbstdefinition des Autogenen Trainings. Schon im Durchlaufen der bis zur Routine verfeinerten Unterstufe lösen sich die meisten Konzentrationsprobleme der Übenden auf. Musterbeispiele der täglichen Praxis liefern Ausbildungen von Examenskandidaten jeglicher fachlicher Richtung. Unterstufe und formelhafter Vorsatz nach einem Modell wie »Examen ist Arbeitsnachweis« befreien den Trainierenden von seinem Leistungsdruck, den er aus eigenen inneren Idealvorstellungen oder unter Fremdeinflüssen und unkritischen Vergleichen entwickelt hat. Da sich formelhafte Vorsätze erfahrungsgemäß schneller abschleifen als die originären Standardformeln der Unterstufe, die kollektiv-menschliche Körperbefindlichkeiten artikulieren und dadurch unauslöschbar leibhaftig sind, ist auch bei der Arbeit an charakterbezogenen, korrekturbedürftigen Haltungen ein ganzes Bündel von Formeln zu empfehlen. Aus solchem Vorrat schöpft der Geübte und Weiterübende seine Möglichkeiten zur Verbesserung seiner Seinslage. Populäre Anpreisungen im Stile leistungsbeflissener Schriften wie jener Traktate: »Wie werde ich energisch?« oder »Der Weg zum Erfolg« geraten jetzt auf die rechte Distanz. Das individuell Angemessene gelingt der psychophysisch harmonisierten Persönlichkeit unter kritischer Ausgewogenheit zwischen Anspruch und Können autogen, aus sich heraus, autotrop, auf sich allein bezogen. Sie hat gelernt und im Weiterlernen übend immer wieder erfahren, wo ihre Möglichkeiten und ihre Grenzen liegen. Als praktizierte Kunst des unverkrampften Geschehenlassens ist das Autogene Training wesentlich auch eine Schule der Toleranz. Dem vielzitierten Wort von Schultz: »Nur wer sich läßt, ist gelassen«, kann an die Seite gestellt werden: »Wer sich toleriert, ist tolerant.«

Selbständige Formulierung nach Bedarf

Schon im Verlauf der Ausbildung ist es dem Schüler anheimgestellt, sich nach Bedarf formelhafte Vorsätze zu bilden. In dieser Zeit hat er die Möglichkeit, seine Formulierung mit dem Lehrer durchzudenken und an ihnen zu feilen. Lebenslang sollte man autogen trainieren. Es gibt keinen vernünftigen Grund, es nicht zu tun, es sei denn, die Ausbildung war mäßig, die Motivierung schwach und das Training im ganzen unnötig starr auf ein solitäres Symptom ausgerichtet. Lebenslang bleibt aber niemand auf seinen Lehrer im Autogenen Training fixiert. Im Blick auf die Autonomie der Persönlichkeit jedenfalls ist es nicht wünschenswert, das Lehrer-Schüler-Verhältnis bestehen zu lassen. Je weniger die mündliche oder schriftliche Lehre das Detail festlegt, desto größere Weite hat der Schüler und spätere Selbständige im Autogenen Training, wenn er einmal erneut vor die Frage gestellt ist: »Ein neues Problem, eine Störung – was mache ich jetzt autogen?«

Der Bedarf, mit dem Autogenen Training neu einzusetzen, ist im Gang der Lebensalter vorherzusehen. Was immer auch der Anlaß gewesen sein mag, das Autogene Training zu lernen, im weiteren Leben werden sich neue Bedürfnisse anmelden. Das zu wissen gehört in die Lehre. Seit ich die Erfahrung mit einzelnen Patienten machen mußte, daß sie nach Jahren vor einer neuen Lage ratlos wieder zu mir kamen, ohne daß ihnen als erstes selbst der Einfall gekommen wäre, das Training auf die neue Störung auszurichten, baue ich diesen Hinweis in die Basisausbildung ein.

Zuerst die Unterstufe regenerieren

Alle Fertigkeiten ermüden, auch das Autogene Training kann bis zur Verkommenheit versanden – vergessen aber wird es nie. Wer einen Anlaß findet, das nicht mehr regelmäßig geübte, vielleicht rudimentär gewordene Training erneut aufzufrischen, sollte sich die Unterstufe in allen Einstellungen auf ein bis zwei Wochen konzentriert neu aneignen. Auch wenn in einem Entspannungserlebnis einzelne Unterstufenerlebnisse wie Inseln hervorragen, sollte die Regenerierung des Trainings systematisch neu aufgebaut und Stufe für Stufe wiedererinnert werden. Spontane Organerlebnisse, Generalisierungen und andere noch erhaltene Stücke des Trainings können dabei positiv registriert mitlaufen. Am Ende von höchstens zwei Wochen bei gelassener, aber regelmäßiger Wiederholungsarbeit »steht« das Training wieder als fester Übungsbesitz.

Brauchbares aus altem Vorrat

Formelhafte Vorsatzbildungen, die sich früher bewährt haben und im Hinblick auf die neue Indikation nützlich sein können, bilden den Grundstock der Weiterarbeit über die Unterstufe hinaus. Sehr wertvoll sind dabei spezielle Organformeln, die mangelhafte Ergebnisse in der Gesamtumschaltung verbessern. Das Spielen mit Formelkombinationen in der wechselseitigen Verstärkung, wie es in diesem Buch beschrieben ist, rundet das Training in der Wiederaufnahme ab.

Neue Situation – neue Formel

In solcher Lage kann der alte Lehrer, wenn er erreichbar ist, weiterhelfen. Wie hilft sich aber der routinierte Schüler, der auf sich allein gestellt ist? Nachstehend seien einige grundlegende

Hinweise zusammengefaßt, die es dem nicht mehr Unerfahrenen erlauben, sich von Fall zu Fall eine oder mehrere neue Formeln selbst zu bilden:

Die Grundform einfacher Aussagesatz

Ein Aussagesatz nach dem Modell der Einstellungen der Unterstufe leistet, was er soll: die anzugehende Störung ist positiv angesprochen, das Interesse an der Störung ist konstruktiv ausgedrückt und weder offensiv auf Beseitigung noch defensiv auf Verdrängung besetzt. Modell: »Puls ruhig und regelmäßig.«

Der Inhalt apodiktisch gewiß

Der formelhafte Vorsatz muß inhaltlich wahr sein. Tatsachen werden nüchtern ins Auge gefaßt. Schonungslos, aber absolut tolerant wird der Sachverhalt registriert. Modell: »Mein Schreibtisch ist ein Chaos.«

Tempus und Modus Präsens und Indikativ

Jeder formelhafte Vorsatz steht im Indikativ des Präsens. Im Autogenen Training »wird« nichts, es »ist«. Das Futur vertagt, das Präsens läßt Aktualität erleben.

Negation im Zweifel nie

Verneinung hat Tiefe und greift das Ich an seiner verwundbarsten Stelle an. Die kategorischen Negationen haben die Berechtigung einer gezielten Ausnahme. Der Autodidakt kommt damit leicht in Gefahr. Die bejahende, affirmative Redeform ist wesentlich Zusage an das Ich. Auch tendentiell auf Abstellung einer Störung gerichtete Formeln können mit Geschick in eine positive Aussage umgeformt werden.

Imperativ – Stimme des Über-Ich zulassen, nicht fordern

Der formelhafte Vorsatz ist kein »guter Vorsatz« im sittlich-imperativen Sinn. Er ist vielmehr als Vorsatz*bildung* die (im Hypnoid keimfähige) Imagination dessen, was funktionell verstanden *richtig* anstelle von bisher falsch gemeint ist. Also: Nicht wollen, sollen, müssen, sondern erwarten, geschehen lassen.

Einprägsamkeit inwendig lernen »par cœur«

Kürze und Prägnanz, auch Rhythmik des formelhaften Vorsatzes machen ihn »zu einem Stück von mir«. Sich selbst in der Formel erkennen heißt, sich in der funktionellen Fehlhaltung annehmen und die angestrebte Normalfunktion erreichbar vorstellen; die abgelehnten strukturellen Persönlichkeitsanteile realitätsgerecht einschätzen und realisierbare Selbstentwürfe sehen. Modell: »Ich sehe mich.«

Formel auf Probe Mut zur Neuformulierung

Es hat keinen Sinn, an einer Formel festzuhalten, wenn sie »nicht eingeht«. Redaktionelle Feinarbeit an der formelhaften Vorsatzbildung genügt nicht immer. Oft bringt erst die völlige Neuformulierung die Wende.

Mehrstufige Formeln Einengende Fokussierung

Die anzugehende Störung im somatischen Bereich und die gewünschte Verhaltensänderung entziehen sich manchmal dem direkten Zugriff sogar mit der Methode des formelhaften Vorsatzes. In diesem Fall ist ein schrittweises Vorgehen mit stufenweiser Einengung und zugleich verstärkter Drastik der Auseinandersetzung geboten.

Beispiele:

»Puls ruhig und regelmäßig« (in der Unterstufe);

»Puls auch ruhig beim Vortrag«;

»Puls ruhig in der Diskussion«;

»Puls immer ruhig«;

und:

»Rothaarige sind auch Menschen«;

»Ich sehe Rothaarige aufmerksam«;

»Erika hat rotes Haar«;

»Erikas Haar ist ihr Haar.«

Eine reflexive Formel
das Autogene Training
formelhaft vorgesetzt

Wer immer wieder Schwierigkeiten hat, beim Autogenen Training zu bleiben und es nicht verschlampen zu lassen, übt am besten immer mit:

»Mein Autogenes Training«;

»AT gut – ich bleibe dabei.«

Oberstufe

Die Entstehungsgeschichte der Oberstufe läßt sich an einer frühen Arbeit von J. H. Schultz eindrucksvoll nachlesen. Es handelt sich um den Verhandlungsbericht von dem IV. Allgemeinen ärztlichen Kongreß für Psychotherapie in Bad Nauheim, April 1929, betitelt: »Gehobene Aufgabenstufen im Autogenen Training.« Die Arbeit ist nachgedruckt in der schon mehrfach erwähnten Sammelpublikation der Wissenschaftlichen Buchgesellschaft Darmstadt: »Der Weg des Autogenen Trainings« (S. 73 ff.). Schultz gibt einen ersten Überblick über die Möglichkeiten weiterer Differenzierung des Autogenen Trainings und zeigt auf, in welche Richtung und zu welchen Ergebnissen diese Differenzierung führt. Nachdem er von der psychischen Repräsentanz von Organerlebnissen gesprochen hat, die wir in der ausführlichen Darlegung der Unterstufe heute mit der Erfahrung des Autors und seiner ganzen Schule aufgezeigt haben, behandelt Schultz die Entdeckung der besonderen »Körperbeseelung«, worunter er weniger die bloße Aneignung sonst autonomer Körperbeherrschungen versteht, sondern erkennt, daß von einem allgemeinen Standpunkt aus der Mensch sein körperliches Ich als persönliche Erfahrung vertieft. Im weiteren deutet Schultz die Fähigkeit des Übenden, durch konzentrative Zuwendung intensiver Art Sinneserlebnisse von außen zu gestalten. Gemeint sind hier wohl besondere Verinnerlichungen äußerer Erlebnisse mit dem Effekt der tieferen Eingrabung in den Erlebnisschatz der Person. Auch Gewöhnungsvorgänge werden in die Persönlichkeitsstruktur tiefer eingebettet und eingearbeitet; sie werden auf diese Weise zum Eigenbesitz. In letzter Steigerung kennzeichnet der Autor schließlich die vertiefte Selbstschau als letzte und höchste Stufe des differenzierten Autogenen Trainings.

»Ein weiterer Punkt dieser speziellen Arbeit betrifft die Selbstkontrolle der Innenstruktur. Versenkt – abgestellt, ihren Innenerlebnissen ablenkungslos zugewandt und mehr und mehr traumhaften Schichten zuwandelnd, offenbart die Versuchsperson in der Eigenart ihrer Erlebnisse wesentliches. Form und Gliederung der entwickelten Materialien, Fülle, Lebendigkeit und Reichtum auf der einen Seite, Trockenheit und Armut auf der anderen, bunte Anschaulichkeit aller Sinnesphären, oder formelhaft-schematisch abstraktes Reagieren, wirrer Kleinkram oder großlinig Strukturiertes, Chaos oder Rhythmus, Vorwärts- oder Rückwärtsneigung – alle diese Sonderheiten weisen hinüber zu anscheinend typologischen Elementarphänomenen, entwikkeln sich in günstiger Entfaltung.« (Schultz, S. 82)

In dieser Betrachtung kommt Schultz zu dem Begriff der Autopsychokatharsis, eine Art von Autopsychoanalyse, deren erreichte Tiefe oft überraschend sei. Obwohl in der zitierten Arbeit der Terminus »Oberstufe« nicht erscheint, ist unverkennbar, daß hier die Anfänge dieser Technik ebenso aufgewiesen sind, wie vorausgehend die besonderen Möglichkeiten der formelhaften Vorsatzbildung.

Im Lehrbuch des Autogenen Trainings setzt Schultz im Kapitel »Technik und Leistungen der Oberstufe« so wichtige Sätze voran, daß ich sie wörtlich zitieren möchte:

»Die Erlangung der Oberstufe unserer Technik setzt eine vollständige, sichere und prompte Beherrschung der allgemeinen Technik der Unterstufe voraus. Die Versuchspersonen müssen in der Lage sein, durch einen kürzesten Akt innerer Konzentration schlagartig die spezifische Umschaltung zu vollziehen, so daß der Körper als schwere, warme, ruhende Masse von gleichmäßigem Pulse und ruhig fließender Atmung erfüllt, von dem kühl abkonzentrierten Kopf gewissermaßen getrennt erlebt wird. Der Zustand ist ein so eigenartiger und charakteristischer, daß außerordentlich häufig Versuchspersonen, ohne jeden gegenseitigen Kontakt, identische Worte der Schilderung finden.« (Autogenes Training, S. 228)

Auf gleiche Voraussetzungen aufbauend gestalte ich meine

Oberstufenarbeit im Einzel- oder Gruppenunterricht und benutze dabei spontane Vorerfahrungen der Schüler. Es gilt nämlich für die Oberstufe wie für die Unterstufe, daß eigengesetzlich bestimmte Binnenerfahrungen des Schülers sich durchsetzen, und – oftmals dem Übungsstoff »vorausgreifend« – nicht selten Anlaß zu einer besonderen Instruktion geben. Mancher meint im Autogenen Training, daß Selbstaussagen, die nicht zum aktuellen Übungsstoff gehören, entweder fehlerhaft oder unbedeutend sind. Deshalb werden solche Erfahrungen meist verschwiegen oder sie führen zu ängstlicher Rückfrage beim Therapeuten. Erst durch das konsequente Protokollieren, von dem ich seit zehn Jahren nicht mehr abgehe, erhalte ich schon in der Unterstufe immer wieder Mitteilungen über erreichte Körpererfahrungen. Seltener sind Berichte über Farberlebnisse, die von den meisten Übenden offenbar als störend empfunden und wieder zurückgedrängt werden. Thomas nennt als empirische Ziffer zwei bis drei Prozent in einer großen Zahl von Kursteilnehmern und Einzelschülern, die solche Farberlebnisse spontan mitteilen. Im intensiven Protokollieren erhöht sich diese Zahl etwas, und meine jüngsten Erfahrungen haben mich veranlaßt, schon bei der frühen Instruktion gedankliche Inhalte von solchen rein optischer Vorstellung differenziert zu interpretieren. Die bloßen störenden Gedanken sollten ruhig beiseitegeschoben, die optischen Erlebnisse aber neutral aufgenommen und im Verlauf der Übung mitgeführt werden.

Oberstufenarbeit im Rahmen des Autogenen Trainings ist demnach eine spontane meditative Versenkung auf der Basis des in der Unterstufe erreichten Hypnoids. Es handelt sich bei allen spontanen Erlebnissen in Richtung auf die Oberstufenqualität um eine ungezielte und ungesuchte meditative Versenkung, die wir als Vorausbeitrag des Übenden nicht hoch genug einschätzen können. Bevor wir die Technik der Oberstufe besprechen, sind Gedanken über Meditation im allgemeinen und das Verhältnis der Oberstufen-Meditation zu anderen psychophysischen Sachverhalten zu klären.

Allgemeines zur Meditation

Das Wort kommt aus dem Lateinischen. Meditari heißt Nachsinnen, Meditation Besinnung oder besinnliche Betrachtung. Darunter ist nicht ein konzentriertes Nachdenken über einen Gegenstand zu verstehen. Meditation ist im wesentlichen eine Sammlung, während betontes Nachdenken seinem Wesen nach eine gezielte Ausrichtung von Gedanken ist. Die Gegensinnigkeit und Gegenläufigkeit der beiden geistigen Beschäftigungen wird ohne weiteres sichtbar.

Meditation als Sammlung bedarf immer einer gewissen körperlichen Unterstützung. Allen meditativen Techniken und Meditationsmöglichkeiten ist eines gemeinsam: die Herstellung einer vorbereitenden und den Ablauf der Meditation unterstützenden spezifischen Körperhaltung. Allgemein bekannt sind fernöstliche Meditationshaltungen, besonders die meditative Sitzhaltung. Auch die Meditation des Gebets bedient sich der mehr oder weniger standardisierten Körperhaltung des stehenden, knieenden oder mit zu Boden gerichtetem Gesicht liegenden Beters. Die Meditationsweise der Oberstufe im Autogenen Training gelingt aus der schon vorhandenen Ruhehaltung der Unterstufe heraus und bedarf keiner neuen Körperhaltung. Äußerlich betrachtet ist also einem Trainierenden nicht anzusehen, wie weit er in der Übung des Autogenen Trainings fortgeschritten ist.

Meditation ist Sammlung auf bestimmte Inhalte, wenn wir an geistig-philosophische, religiöse oder andere leibseelische Meditationen tiefer Versenkung denken. Die Inhalte sind von den jeweiligen Vorstellungen bestimmt, unter denen die Meditation begonnen wird. Zu den meditativen Übungen sind auch alle versenkenden Betrachtungen vorgestellter Gegenstände zu rechnen, wozu auch die innere Verbindung zu geistigen Inhalten, besonders religiös-mystischer oder allgemein ethischer Art zu zählen ist. Über Meditation im allgemeinen und die unübersehbare Fülle von Einzelmeditationen im besonderen gibt es eine große Menge einschlägiger Literatur. Viele Menschen sind im Verlauf des Lebens aus eigenem Interesse oder durch Erziehung

und Kontakt mit anderen Personen auf bestimmte Meditationspraktiken gelenkt worden. Nicht wenige haben dabei für sich
eine außerordentliche Bereicherung ihres Innenlebens gewonnen.

Oberstufe als Selbstschau

Wenn J. H. Schultz in der zitierten frühen Arbeit von 1929 die
Selbstschau als dritte und höchste Entfaltung differenzierter
Weiterarbeit im Autogenen Training aufgezeigt hat, so galt seine
und seiner Schüler weitere Arbeit bis in die Gegenwart der methodischen Ausarbeitung. In dem hier gebotenen Rahmen kann
die Oberstufe vor allem als Steigerung der Erlebnisfähigkeit und
der Fähigkeit eigener Verfügung über die auftretenden Erscheinungen aufgezeigt werden.

Das Training der Oberstufe öffnet unter sachgemäßer Anleitung buchstäblich Fenster, durch die Wahrnehmungen eindringen, die den meisten völlig neu und ihrer Qualität nach unter-
schiedlich positiv oder negativ erscheinen. Autodidaktische
Oberstufenarbeit nach der Lektüre vorhandener Darstellungen
der Methode ist noch problematischer als der Versuch, die Unterstufe allein zu lernen. Entweder führen erste Oberstufenerlebnisse im Alleingang zu baldiger Ermüdung und Verflüchti-
gung bei gleichzeitigem Anwachsen des spezifischen inneren
Widerstandes gegen das Aufkommen von Inbildern, oder der
Autodidakt wird von der Fülle und der ihm nicht deutbaren
Vielfalt und Unverständlichkeit der Bilder verwirrt und beunru-
higt. Die Aufgabe des Lehrers in der Oberstufe ist verantwor-
tungsvoll und wesentlich differenzierter, weil die Formeln für
die Oberstufe sowie Gestaltung und Ablauf der Übungen nicht
so einheitlich sind wie in der Unterstufe. Die Individualität jedes
Teilnehmers an einem Oberstufenkurs bedarf viel stärkerer Unterstützung und Pflege, als dies in der doch übersichtlichen
Standardisierung der Unterstufe nötig ist.

Die ersten Oberstufenerlebnisse sind dem Übenden verschleiert, unklar, nicht selten beunruhigend, aber auch im beglückenden Erlebnis zunächst ich-fremd und rätselhaft. Der Fortgang in der Oberstufenarbeit ist nicht annähernd so linear wie in der Unterstufe. Die Gefahr, daß der weniger geübte Kursteilnehmer sich im Vergleich zu anderen, die ihre differenzierten Erlebnisse gemeinschaftlich zur Diskussion stellen, vielleicht als Versager erlebt, ist in der Oberstufe viel größer. Die immer wiederholte Stützung aller Teilnehmer konzentriert sich hauptsächlich auf die Bestätigung, daß jede Bildproduktion in der Oberstufe individuell wichtig und weder quantitativ noch qualitativ irgendeinem allgemeinen Wertmaßstab zu unterwerfen ist.

Was sieht der Trainierende in der Oberstufe? Er sieht mit der gegebenen Anleitung, aber nicht unbedingt konform mit den jeweiligen Anweisungen, das heißt auch vorwegnehmend oder nachvollziehend, Farben, Formen, Szenerien, bewegte Vorgänge, Personen und vielleicht sich selbst. Diese Binnenerlebnisse der Selbstschau sind nicht nach irgendwelchen Schemata zu ordnen, sondern jeweils in die Beziehung zum Erlebenden selbst zu setzen. Die Protokollierung gewinnt dadurch einen noch höheren Rang und ist vergleichbar einer Traumniederschrift oder den niedergelegten Gedanken in Tagebuch- oder Briefform.

Die vom Übungsleiter behutsam gesteuerte allgemeine Besprechung im Kurs oder die psychotherapeutische Gesprächsführung in der Einzelunterweisung unterliegt einer pointierten, gewissenhaften und verantwortungsbewußten Dosierung aller Stellungnahmen und Aussagen, die zupackend oder frei deutend über das Angebot des bildenden Schülers möglichst nicht hinausgehen soll. Die Selbstschau jedes Übenden in der Oberstufe legt den Rahmen fest für das, was inhaltlich und hinsichtlich weiterer Assoziationsmöglichkeiten aufgegriffen werden darf. Größter Respekt vor solcher Selbstdarstellung im frei gefundenen Bild der Oberstufenmeditation ist also oberstes Gebot für den Lehrer und für die mitübenden anderen Kursteilnehmer. In einem gut geführten Oberstufenkurs wird das in den seltensten Fällen überhaupt Schwierigkeiten machen. Die innere Solidarität aller Übenden und die gemeinschaftliche Zielsetzung schaffen eine Atmosphäre gegenseitiger Respektierung, die zugleich als Grundlage für ein wechselseitiges, sich fragloses Wahrnehmen und persönliches Zurkenntnisnehmen dient. Der Oberstufenkurs in der gewöhnlichen Besetzung mit zehn bis höchstens fünfzehn Teilnehmern schafft eine Atmosphäre von Intimität unter Gleichgesinnten, die sich zu einem Unternehmen zusammengefunden haben, dessen Diskretion auch die Verschwiegenheit im Kleinkollektiv erfordert.

Oberstufenarbeit in der Gruppe ist ganz strikte Gruppenarbeit im besten Sinne. Die wechselseitige Unterstützung ist das Motiv für die behutsame Kommunikation. Die sonst in Gruppen psychotherapeutischer Ausrichtung, besonders verbaler Aktionsgruppen, übliche Aktions- und Reaktionsbereitschaft ist in der Oberstufengruppe äußerst gering. In Gemeinschaft ausgeführte Trainingsarbeit mit anschließender wechselseitiger Mitteilung und Befragung entspringt aus der eben erlebten Tiefenschau in völliger körperlicher und seelischer Entspannung. Hier fehlt also das in üblichen therapeutischen Gruppen vorhandene und notwendige Aggressionspotential. Die Anwesenheit des Übungsleiters, eines Meisters in der Methode, gewährleistet die völlige Geschlossenheit der Gruppe, gewährleistet aber auch ein hohes Maß an kritischer Selbstaussage. Sobald der Übende sich nach eigener innerer Zeitsetzung aus dem Training zurückgeholt hat, verweilt er im Nacherleben und sieht die Übrigen teilweise noch im Training, teilweise wie sich selbst im stillen Nachdenken ruhig sitzen oder liegen. Erst wenn alle zurückgenommen haben, kommt es – nicht dirigiert – zu einzelnen Mitteilungen. Das Schweigen und Behalten, wenn es jemanden zum Bedürfnis geworden ist, wird vom Übungsleiter und von den anderen Mitübenden akzeptiert.

Die Selbstschau des Oberstufe-Trainierenden steigt auf aus der Organismischen Gesamtumschaltung und verharrt in sparsamen, solitären Farberlebnissen oder anderen einfachen Darstellungen der Innenschau. Andere durchlaufen dynamisch gestaltete, abwechslungsreiche Erlebnisse. Wiederum ist festzuhalten, daß es in der Oberstufe nicht um bestimmte Quantitäten und Qualitäten des Erlebnisses geht, sondern um das individuell Gegenwärtige im Hier und Jetzt. Die daran anschließende Selbstreflexion ist also nur bedingt mitteilbar. Will sich der Übende mitteilen, offeriert er sein Binnenerlebnis dem Nacherleben aller Anwesenden. Ebenso beteiligt sich jeder an der Darstellung anderer Ausdrucksformen und Inhalte der Selbstschau, nicht selten mit einem Einschwingen und verständnisvollem Mitgehen dessen, was zur Sprache kommt.

Selbstschau in der Oberstufe bedeutet Erkenntnis der eigenen Tiefenperson. Mitteilungen der eigenen Selbstschau und Aufnehmen dessen, was andere als ihr Selbsterlebnis offenlegen, führt zu einem prinzipiellen Gruppenerlebnis, das gesetzmäßig gerade auch in der Oberstufengruppe die Wirkung einer Verstärkung in der Gruppe hat. Auch hier gilt ein allgemeines Gruppengesetz: Der einzelne erfährt sich in der Gruppe durch die Gruppe. Das therapeutische Spezifikum ist Gruppenverstärkung in größtmöglicher Gruppenkohärenz. Oberstufenarbeit in der Gruppe stellt demnach eine besondere Form von Gruppentherapie dar.

Die Einzelunterweisung im Oberstufentraining muß auf solche Gruppenverstärkung verzichten, gewinnt dafür aber im Zweierverhältnis von Therapeut und Patient oder Schüler eine wirksame Vertiefung der Erkenntnisse durch intensivere Deutungsarbeit und durch reichere Assoziationsmöglichkeiten. Seit langem ist von Kennern und Könnern der Oberstufenpraxis die Bedeutung der Oberstufe als eine tiefenpsychologisch orientierte Therapie geschätzt. Sie hat den Rang einer wesentlich verkürzten tiefenpsychologischen Therapie, verglichen mit dem erheblich größeren Stundenaufwand der regulären Psychoanalyse in Einzelbehandlung. Mit dieser Feststellung, das sei ausdrücklich betont, sind keinerlei Werturteile über die Wirksamkeit der einen oder anderen Methode im jeweiligen Fall verbunden.

Die Oberstufe des Autogenen Trainings ist also eine Meditationspraxis eigener Art. Das wichtigste Merkmal daran ist, daß sie nach meinem Verständnis des ursprünglichen Ansatzes zweckfrei gehandhabt wird und – abgesehen von einer ordnenden Gliederung und einem erleichternden Aufbau vom Einfachen zum Komplizierteren – sonst keine direkten Anweisungen an den Meditierenden ausgibt. Im Gegensatz zu anderen hypnotischen Übungen leitet sie den Übenden lediglich dazu an, sich frei aufsteigenden Bildern zu öffnen.

Diese Einleitung halte ich für notwendig. Wie im folgenden Kapitel über die Methodik noch darzustellen sein wird, handhaben viele Ärzte und Lehrer der Oberstufe die Unterrichtung ohne einen solchen Ansatz, womit sie in meinen Augen das Autogene Training als Oberstufe ganz deutlich auf ein heterogenes Training zurückführen. Ich kann mich hier nur wieder auf ursprüngliche, bis in die letzte Auflage des Lehrbuchs durchgehaltene Auffassungen von J. H. Schultz berufen, der über die Grundauffassung der Oberstufe folgendes ausführt:

»Den Erfahrungen des Nachttraumes entsprechend ist, wie schon mehrfach hervorgehoben, in gut dargestellter autogener Versenkung der psychologische Typus der Versuchspersonen so weitgehend gelockert, daß wir, von ganz außerordentlichen Ausnahmen abgesehen, immer zur Darstellung von *optischen* Erlebnissen gelangen können, zu einer Innenschau eigentlichen Sinnes, zu bildhaftem Erleben. W. Luthe hat den optischen Erlebnissen im autogenen Zustande besondere Aufmerksamkeit gewidmet (Correl. psychosomat. 1965, S. 171). Er unterscheidet farb-, form- und dynamische Motive, die bald mehr der realen, bald mehr der irrealen Welt angehören, und betont mit Recht die Wichtigkeit eines völlig unvoreingenommenen innerlich ›schauenden‹ Gesamtzustandes, ›carte blanche‹. Dieses Phänomen ist für uns sozusagen Rohmaterial. Wir stellen nun als Ansatz für die Technik der Oberstufe zunächst die Aufgabe, in tief getriebener Versenkung irgendeine gleichförmige Farbe vor dem geistigen Auge erscheinen zu lassen. Dieser und die ihm folgenden Versuche erfordern ein halb- bis einstündiges Verweilen in versenktem Zustande, eine Leistung, die wir unseren Versuchspersonen nur dann ohne Bedenken zumuten dürfen, wenn sie mindestens ein halbes Jahr, besser ein ganzes Jahr oder länger regelmäßig trainiert haben und in den Versenkungsstufen gewissermaßen heimisch geworden sind. Schon die erste Aufgabe der Darstellung eines irgendwelchen beliebigen, ganz harmonisch einheitlichen Farberlebnisses gibt uns interessante Aufschlüsse. Wir sprechen in unserer Technik vom Auffinden der Eigenfarbe.« (Schultz, Lehrbuch, S. 231)

Das bezeichnete Rohmaterial bildhafter Einfälle vorwiegend optischer Art muß jedem, der im Eigenerleben oder beruflich als Psychotherapeut mit den Einfällen seiner Patienten zu tun hat, an die Produktion bildhafter Darstellungen im Traum und in der freien Assoziation erinnern. Die aufsteigenden Bilder der Oberstufe sind Inbilder, sind Erinnerungen und damit Eigenbesitz des Übenden, der aus dem Unbewußten aufsteigt und sich in den so vorgelegten Bruchstücken rätselhaft darbietet. Die direkte Parallele zwischen Oberstufenbild, Traumbild und den Erinnerungen der freien Assoziation ist natürlich schon lange vielen Lehrern der Oberstufe aufgefallen. Umso verwunderlicher ist es, daß nicht die behutsame, an analytischer Assoziations- und Deutungspraxis orientierte Arbeit vorherrscht, sondern daß reglementierte Einübungen bestimmter Stufenfolgen im Verlauf der Oberstufe vorgenommen werden.

W. Luthe schreibt dazu in der Zusammenfassung eines Aufsatzes:

»Die während der konventionellen Unterstufenübungen auftretenden fragmentaren und elementaren visionären Erscheinungsformen pflegen sich zu differenzierten und geordneten Abläufen zu entfalten, wenn der im Autogenen Training sicher eingefahrene Patient eine mentale Funktionsverschiebung von der formelgebundenen passiven Konzentration zu Gunsten einer formelfreien als passive Akzeptation (›carte blanche‹) bezeichnete mentale Einstellung erlaubt, und der Therapeut unter Berücksichtigung autogener Grundsätze eine respektierende (Eingriffe vermeidende) Haltung gegenüber den Produktionen der Hirnmechanismen des Patienten einhält.« (Correl psychosomat., 1965, S. 189) Dies ist in der Ausdrucksweise eines strikt naturwissenschaftlich orientierten Forschers unter den Pionieren des Autogenen Trainings eine ebenso klare Absage gegen sekundäre heterosuggestive und heterohypnotische Rückfälle, wie ein anderer Schüler der ersten Generation, Schaetzing, 1972 auf einer Tagung »Arzt und Seelsorger« auf Schloß Elmau treffend ausführte: »Das gesamte AT ist und bleibt eine rein ärztliche und damit sehr hiesige Behandlungsmethode, während die Unterstufe hauptsächlich eine somato-psychische Wirkweise hat, grünen in der Oberstufe psychosomatische Selbsterkenntnisse, die den psychoanalytischen Ergebnissen durchaus kongruent sind.«

Ich fasse meine Meinung zusammen und befrage meine Erfahrung im Selbstversuch und mit Patienten und Schülern. Mir ist seit langem bewußt, daß die Oberstufenbilder aus gleichen Tiefenschichten des Unbewußten der Person kommen wie Trauminhalte und die im analytischen Behandlungsprozeß dazugefundenen freien Assoziationen. Eine Unterscheidung ist nützlich und vertieft das Verständnis für die Zusammenhänge. Alle Protokolle aus der Oberstufenarbeit, über die ich verfüge, dokumentieren, daß die Oberstufenbilder klarer, farblich intensiver und insgesamt haftfähiger sind als die Traumbilder, selbst solche in besonders eindrücklichen Träumen von lebenslanger Erinnerungsfähigkeit. Die Oberstufenbilder kommen ungerufen, verweilen, wandeln sich, springen jäh in neue, andersartige Bilder um und verschwinden, wie sie gekommen sind. Sie können absichtlich nicht zurückgeholt, freilich in einem bewußten Erinnerungsprozeß reproduziert werden.

Dieses Rohmaterial (nach J. H. Schultz) ist tatsächlich ein Fördergut unermeßlichen Reichtums für den, der sich im Nachvollzug assoziativ damit befaßt und Oberstufenbilder untereinander sowie diese mit freien Assoziationen und den Träumen der gleichen Epoche in einem inneren Seins- und Bedeutungsgehalt zusammenfügt.

Sehr zu unterscheiden von den Oberstufenbildern sind die Produktionen des Tagtraumes, wobei auch hier die Parallele Nachttraum – Tagtraum evident ist. Im Tagtraum produziert der vor sich hinsinnende Mensch Lieblingsvorstellungen, vorwiegend selbstaufwertender Art, nicht in freier, sondern gerade gebundener Assoziation mit dem erheblichen Lustgewinn gesteigerter Selbstverwirklichung in Illusionen. Dagegen stehen Oberstufenbild, Traumbild und freie Assoziation nur bedingt im Dienste der regressiven illusionären Selbstaufwertung. Die überwiegende Fülle dieser genannten Produktionen entspringt unbewußten Schichten, nicht selten angstbesetzt, häufig in rätselhafter Verkleidung und immer in einer dichterischen Komprimierung der Aussage, die sich im Schnittpunkt mehrerer Determinanten verdichtet. Dies aufzulösen bedeutet analytische Durcharbeitung auch im Rahmen der Oberstufenarbeit. Die weiterführende Unterrichtung und Einübung in die Praxis der Oberstufenarbeit bleibt dem persönlichen Unterricht vorbehalten und ist nicht Sache dieses Buches.

Methodik

Das methodische Vorgehen bei der Oberstufenarbeit ist niedergelegt in dem mit vielen kasuistischen Beispielen ausgestatteten Oberstufenkapitel des Lehrbuches von J. H. Schultz. Zusammengefaßt ergeben sich fünf Stufen:

1. Farberlebnisse. Aufsuchen einer Farbe und Fortführen des Farberlebnisses im Finden und Festhalten der sogenannten Eigenfarbe. Ziel ist die freie und sichere Verfügung über diese ersten Farberlebnisse.

2. Die Aufgabe lautet, bestimmte Objekte innerlich erscheinen zu lassen.

»Oft verläßt hier die Versuchsperson den Bereich des Allegorischen und schreitet zum Symbolischen hinüber. Die Versuchspersonen erleben diese Bilder durchaus plastisch. Sie können um die Gegenstände herumgehen und werden selbst von der Eigenart und dem Reichtum der Erlebnisse überwältigt. Hier beginnt unsere Arbeit schon im eigentlichen Sinne produktiv zu werden, da viele Versuchspersonen durch die Entdeckung der inneren Welt nicht nur mit schönen Innenerlebnissen beschenkt, sondern auch für das übrige Leben bereichert werden.« (Schultz, S. 240)

3. Der Übende sucht sich irgendein Erlebnis für die Innenschau, das für ihn Ausdruck oder Sinnbild des intensivsten und erwünschtesten Gefühlszustandes ist.

(Schultz schlägt vor, in Analogie zum ersten Versuch der »Eigenfarbe« hier vom Versuch des »Eigengefühls« zu sprechen).

4. Nach gewonnener Erfahrung des Innenlebens stellt sich als weitere Aufgabe, im tiefversenkten Zustande das Bild eines bestimmten anderen Menschen ganz konkret plastisch vor sich erscheinen und in sich auswirken zu lassen.

5. Fragende Einstellungen an die Versenkung selbst und die Beobachtung zu notieren, welche Innenerlebnisse gewissermaßen als Anwort aus dem Unbewußten auftreten.

Zu der fünften Einstellung bemerkt Schultz, daß diese Technik vom Versuchsleiter oder von der Versuchsperson selbst praktiziert werden kann. Ich hebe diesen Hinweis hervor, weil ich bei allen strikten Vorbehalten gegen jede heterosuggestive Unterwanderung des Autogenen Trainings auf dieser differenzierten fünften Einstellungsstufe selbst Anleitungen des Versuchsleiters bejahe, allerdings mit der Einschränkung, daß es sich um behutsame, halb fragende, zum Abwägen einladende Angebote des Versuchsleiters ohne jede suggestive Tönung handeln muß.

Nur äußerlich mit gewissen Abweichungen, in der inneren Entwicklung der Lehre aber konkreter, spricht Luthe bei seinem Aufbau der Oberstufe von sieben Phasen.

»Hinsichtlich der vom elementaren bis zu hochdifferenzierten erfahrungsmäßigen oder auch nicht an Erfahrungsgut gebundenen Ablaufsformen reichenden visionären Erscheinungsarten werden sieben Phasen unterschieden:

1. Statische einheitliche Farben.
2. Dynamische polymorphe Farben.
3. Farbmuster und einfache Formen.
4. Unbewegliche Objekte.
5. Umformung von Objekten und progressive Differenzierung von Bildern.
6. Kontinuitätsverlängerung und Selbstbeteiligung (Filmstreifen).
7. Buntes Cinerama mit affektiver Selbstbeteiligung.« (Correl. psychosomat. 1965, S. 189)

Luthes stark neurophysiologisch orientierte Auffassung von den Oberstufenvorgängen stellt eine interessante Betrachtung unter einem zweiten Aspekt dar, die zu den Ausführungen von Schultz und zu meinen eigenen Beschreibungen kaum im Widerspruch steht.

Klaus Thomas, Schultz-Schüler aus frühester Zeit, lehrt die Oberstufe in sieben Doppelstunden. Er folgt bis zur vierten Doppelstunde im wesentlichen dem Aufbau seines Lehrers. Allerdings formuliert er die Anweisungen bereits beim Farberleben so eindeutig heterosuggestiv, daß ein einziges Zitat seine eigenwillige Interpretation und Lehre der Oberstufe dokumentiert: »Vor meinem inneren Auge entwickelt sich eine Farbe; es ist meine Farbe.« Er läßt diese Worte etwa fünfmal wiederholen und dann anschließen: »Die Farbe wird immer deutlicher.« Schließlich erfolgt die Anweisung: »Die Farbe steht klar vor mir.«

Es steht außer Zweifel, daß damit außerordentlich schnell und bei den meisten Versuchspersonen Farberlebnisse produziert werden können. Die Frage ist nur, ob die so gewonnene Produktion autogen entstanden ist und das zum Inhalt hat, was den Übenden während der Übung wirklich bewegt. Thomas läßt ebenfalls formelhaft die Farbe stufenweise wieder zurücknehmen und mittels Suggestion verschwinden.

Die fünfte Doppelstunde heißt bei Thomas: »Der Weg auf dem Meeresgrund.« Thomas baut dabei auf Versuche und Erfahrungen von Berta (Montevideo), Desoille und Leuner auf. Die

Idee, den Übenden suggestiv auf den Meeresgrund zu schicken, beruht auf dem Grundgedanken, dem Übenden eine vertikale Richtungsvorstellung zu geben. Wörtlich schreibt Thomas: »Der Patient wird ohne sonstige (sic!) Beeinflussung angeleitet, sich nach unten – auf den tiefsten Meeresgrund – und später nach oben, auf einen hohen Berg – zu begeben.« (Praxis der Selbsthypnose, S. 57) Der Weg auf die Bergeshöhe als sechste Doppelstunde ist also mit dieser Erklärung als konträre vertikale Richtungsanweisung definiert. Die siebente Doppelstunde gilt freien und gesteuerten Bilderlebnissen mit bestimmter Zielsetzung.

Meine Abneigung, Schülern und Patienten unnötige direktive Anweisungen zu geben, macht es mir unmöglich, nach der Methode von Thomas zu arbeiten. Ich unterrichte die Oberstufe nach dem Konzept von Luthe, das mir in seiner logischen Konstruktion einleuchtet und mir gestattet, die mir jeweils von Schülern im Einzel- und im Gruppenunterricht berichteten Erfahrungen quasi in ein Diagramm einzuordnen. Didaktisch gehe ich im wesentlichen so vor wie Schultz. Ich habe in meiner fünfzehnjährigen Praxis mit dem Autogenen Training, vorwiegend im vertieften Einzelunterricht, die analytische Therapeutenhaltung der frei schwebenden Aufmerksamkeit auf den Umgang mit der Oberstufe übertragen. Dabei habe ich folgende Erkenntnisse gesammelt:

Der Schüler in der Oberstufe produziert zumeist am Anfang verschiedenartige, oft diskordante Einzelbilder und schwankt eine Zeitlang in der Bevorzugung bestimmter Farben hin und her. Die Protokolle weisen aus, daß mit der Zeit sich eine Farbe durchzusetzen beginnt. Wenn dies geschieht, fällt von meiner Seite zum erstenmal das Wort von der Eigenfarbe. Auf der so gewonnenen Stufe in der gemeinschaftlichen Interpretation der mitgebrachten Farberlebnisse ist es in manchen Fällen möglich, behutsam einige verbale Deutungen zu versuchen oder zumindest gewisse Rückfragen zu stellen. Wenn der Schüler nicht mehr mit Aufmerksamkeit, Betroffenheit oder sichtlichen »aha-Erlebnissen« antwortet, stelle ich das Fragen ein.

Selbstverständlich hat der Schüler auf dieser Stufe meist spontan Formen in statischer Gleichförmigkeit und auch dynamisch bewegte Gegenstände gesehen. Er wird dann ohne starres Übungsschema auf die Beachtung solcher Oberstufenbilder hingelenkt. Viel Wert lege ich in diesem Stadium der Arbeit auf eine vom Beispiel her angeregte Differenzierung zwischen unverkennbar echten Oberstufenbildern und dazwischengemischten Erinnerungen aus dem jüngsten Erleben. Es erscheint mir wichtig, die frei aufsteigenden Oberstufenbilder gegen bloße Erinnerungen abzugrenzen, die meist ein Indiz dafür sind, daß der Trainierende aus der Versenkung nach oben kommt und Tagreste in die Bilder hineinzukomponieren beginnt. Ich leite meine Schüler an, bei solchen Anzeichen in die Unterstufe zurückzukehren und das Hypnoid zu verbessern. Die aufgetretenen Tagreste und bloßen Erinnerungen an reale Geschehnisse beachten wir im übrigen weder inhaltlich noch generell und vermeiden, diese als Fehler negativ zu besetzen. Die eingestreuten Erinnerungen an tatsächlich Erlebtes interpretiere ich den hierfür empfänglichen Schülern als Korrelate zu den Tagresten des Nachttraumes. Anders gerichtete Betonungen gehen ausschließlich vom Schüler aus und werden von mir aufgegriffen. Solche Exkurse stören die Oberstufenarbeit im gemeinsamen Diskurs keineswegs. Wir machen uns bewußt, daß die Beschäftigung damit ein vorübergehendes Ausbiegen ist, und kehren dann zur Betrachtung des Oberstufenmaterials zurück.

Die immer bunter werdenden und mit Dynamik angereicherten Oberstufenerlebnisse im weiteren Fortschritt des Trainings bieten reichlich Anlaß zu vertiefter Interpretation. Da ich mit jedem meiner Schüler bis in solche Bereiche vorgedrungen bin, ergab sich niemals die Notwendigkeit, einen Schüler direkt auf den Berg oder auf den Meeresgrund zu schicken. Vertikale Richtungserlebnisse kommen in individueller Ausgestaltung von selbst vor; sie sind weder didaktisch geplant, noch brauchen sie interpretativ beim Namen genannt zu werden. Vielmehr erbringt der Schüler im Besitz solcher Erlebnisse des Ausgesetztseins in Abgrunde, des Tieftauchens in Meeresgründe und des beschwerlichen oder befreienden Weges auf Bergeshöhen reichliche Zusatzassoziationen, die nicht einmal alle bearbeitet werden können und vielleicht auch nicht im ganzen Umfange ausgedeutet werden müssen.

Im Einzelunterricht richte ich mich hinsichtlich der Termine nach der Menge des vorliegenden Materials. Nicht die für die Unterstufe unerläßliche tägliche Routineübung steht zur weiteren Kontrolle an, sondern die mit der ausgiebigen Unterstufenarbeit verbundene Oberstufenübung. Auch regelmäßig übende Schüler und Patienten kommen nur sporadisch zu eigener Oberstufenarbeit. Sobald sie weiterarbeiten möchten, finden wir uns zu einer Besprechung der vorliegenden Protokolle und zur Ausrichtung der weiteren Oberstufenpraxis zusammen.

Neue Oberstufengruppen lasse ich anfangs schon nach der ersten Woche, dann nach zwei bis drei Wochen wiederkommen. Von da an besprechen wir gemeinschaftlich die Abstände, die im Mittel zwischen drei und fünf Wochen liegen. Nur in der Gruppe üben wir die Oberstufe alle zusammen, im Einzelunterricht beschränken wir uns auf die Diskussion der Ergebnisse. Besonders intensiviert wird die Oberstufenarbeit im Rahmen von Klausurtagungen oder im Verlauf von einschlägigen Fachkongressen. Ich habe es einmal so gehalten, daß täglich am Vormittag eine Stunde Oberstufe gemeinschaftlich praktiziert wurde. Die zehn Teilnehmer der Gruppe protokollierten am Nachmittag in ihren Quartieren die Bildproduktionen, und die meisten übten für sich noch einmal allein. In der darauffolgenden Stunde wurden dann diese Ergebnisse durchgesehen und besprochen. Da die Beschäftigung mit dem Autogenen Training im ganzen nie aufhört, besuchen mich jetzt von Zeit zu Zeit Schüler aus früheren Jahren und frischen die Arbeit am Autogenen Training auf, besonders auch an der Oberstufe.

Kritische Abgrenzungen

Es liegt nahe, das Autogene Training im allgemeinen und die Oberstufe im besonderen mit den vielen bekannten Entspannungs- und Meditationsverfahren zu vergleichen. Eine ausgiebige Diskussion der Verschiedenheiten leidet oft unter der Voreingenommenheit, das jeweils verteidigte Verfahren als das bessere oder allein gültige hervorzuheben. Eine solche Betrachtung ist mir immer fremd gewesen. Ich schreibe hier zwar über das Autogene Training, was mich aber nicht hindert, von anderen Entspannungsübungen oder Meditationspraktiken eine gute Meinung zu haben. Mein Anliegen als Psychotherapeut ist, das jeweils angewandte Verfahren möglichst rein darzustellen und es nicht mit anderen, besonders nicht mit nahe verwandten Methoden zu vermengen.

Die ausführliche und in mehreren Auflagen erschienene Monographie von B. Stokvis und E. Wiesenhütter bringt eine gründliche Auseinandersetzung mit allen ernsthaften Verfahren der therapeutischen Entspannungstechniken in kritischer Sicht. Ich kann mich also hier durchaus darauf beschränken, dem näher interessierten Leser die Lektüre dieses Buches zu empfehlen, zumal darin das Autogene Training als Methode vorzüglich abgehandelt ist.

Zwei Methoden möchte ich dennoch herausheben. Die eine ist uralt und weltweit bekannt: der Yoga. Die andere Methode wurde in den letzten zwanzig Jahren von Marianne Fuchs (Erlangen) entwickelt und seit etwa fünfzehn Jahren regelmäßig auf den Lindauer Psychotherapiewochen doziert und in praktischen Übungen vorgestellt: die sogenannte »Funktionelle Entspannung«.

Der Yoga

Zum Yoga sind vorweg zwei Bemerkungen wichtig, denn diese fernöstliche Meditationspraxis mit Einflußnahme auf den Körper steht dem Autogenen Training methodisch sehr nahe. Der Yoga entstammt einer Kultur- und Geisteswelt, die den meisten Europäern und Amerikanern fremd ist. Mit diesen beiden Fakten muß man rechnen und darf sie nicht hinwegdiskutieren. Nicht nur der sehr beschränkte Rahmen dieser Abhandlung macht es unmöglich, den Reichtum des Yoga darzustellen und in eine vergleichende Beziehung zum Autogenen Training zu setzen. Da ich selbst den Yoga nicht praktiziere, besitze ich in dieser Methode keine Autorität. Ich werde aber, wie die meisten Lehrer im Autogenen Training, sehr oft gefragt, was ich vom Yoga halte oder ob das Autogene Training nicht so etwas ähnliches sei wie der Yoga. Auf diese Frage antworte ich regelmäßig so, wie ich hier auch kurz zusammengefaßt mich äußern möchte: beide Methoden stehen hinsichtlich der positiven Wirkungen einander so nahe, daß sie ernstlich nicht miteinander in Wettstreit treten können. Wer den Yoga erlernt hat, benötigt kein Autogenes Training. Wer ihn noch nicht erlernt hat, aber in seiner geistigen Orientierung der östlichen Lebenshaltung vollkommen fremd gegenübersteht, sollte – wenn er die Wahl hat – das Autogene Training und nicht den Yoga lernen. Wer indessen schon weitgehende Erfahrungen mit Yogaübungen besitzt, aus Interesse aber das Autogene Training zusätzlich lernen möchte, weil an verschiedenen Volkshochschulen Kurse in beiden Verfahren abgehalten werden, sollte sich ernstlich prüfen, aus welcher Küche er eigentlich essen möchte. Es ist doch wohl zu unterscheiden, ob man sich geistig für Techniken und Meditationen interessiert mit dem Wunsch, darüber Informationen zu erhalten, oder ob man eine bestimmte Entspannungs- und Meditationspraxis erwerben und ständig damit umgehen möchte. Die Motivation im letzteren Sinne sollte Grund genug für jeden sein, sich schon im Interesse seiner eigenen Arbeitsökonomie und seiner inneren persönlichen Einheit für die eine oder andere Methode zu entschließen und diese dann aber gründlich und auf Dauer einzuarbeiten.

Funktionelle Entspannung

Unter dieser umfassenderen Bezeichnung hat Marianne Fuchs ein Verfahren entwickelt, das aus der Behandlung psychosomatisch gestörter Menschen entstanden ist, besonders der Behandlung des Asthma bronchiale. Die Autorin hat die Behandlung auch unter der Bezeichnung »Atemrhythmisierende Entspannungstherapie« mehrfach publiziert. Dem Interessierten sei der von Wiesenhütter herausgegebene Sammelband zur Lektüre empfohlen, in dem sich treffende Formulierungen finden, die in die Gedanken- und Arbeitswelt der Funktionellen Entspannung einführen. Der Beitrag heißt: »Atemrhythmisierende Entspannungstherapie bei psychosomatischen Störungen« von Marianne Fuchs. Die Methode der Funktionellen Entspannung arbeitet im Gegensatz zum Autogenen Training weder mit festen Suggestivformeln noch mit dem Ziel, die Binnenerlebnisse im Zustand des Hypnoids zu entfalten. Die Funktionelle Entspannung ist deshalb sehr interessant für die Theorie und Praxis des Autogenen Trainings, weil sie – auf anderem Wege zu gleichen Zielen kommend – das Autogene Training keineswegs in Frage stellt, aber um wichtige Erkenntnisse bereichern kann. Schultz war mit Frau Fuchs persönlich bekannt und hat ihre Arbeit über viele Jahre hinweg positiv-kritisch mitverfolgt. Beide waren bemüht, die Grenzbereiche zwischen Autogenem Training und Funktioneller Entspannung genau sichtbar zu machen und die therapeutischen Möglichkeiten in jedem Verfahren unabhängig von dem anderen ganz auszuschöpfen. Nach meiner eigenen Kenntnis der Methode der Funktionellen Entspannung, die ich kurz zusammengefaßt noch einmal als Körper- und Selbsterfahrung im Lassen (hierin ganz konform mit dem Autogenen Training), aber unter Verzicht auf die Herbeiführung und Unterhaltung eines Hypnoids charakterisieren möchte, stellt diese noch wenig bekannte therapeutische Technik ein für die weitere Forschung und Praxis höchst interessantes Pendant zum Autogenen Training dar.

Zusammenfassung

Mit diesem Buch wurde der Versuch unternommen, das Autogene Training darzustellen, ohne ein Lehrbuch zu schreiben, Auskunft über das Autogene Training zu geben und die Vielfalt der Methode so zu beschreiben, daß der Leser Lust bekommt, sich dieses Training anzueignen. Wie schon mehrfach betont, kann man das Autogene Training zuverlässig nur mit Hilfe eines persönlichen Lehrers erlernen.

Aber mit dieser Zielsetzung sollten die Aussagemöglichkeiten nicht erschöpft sein. Das Buch mögen, so ist es der Wunsch des Autors, auch die im Autogenen Training Geübten zur Hand nehmen, um beim Durchblättern und Lesen Bekanntes wiederzufinden und Neues zu entdecken, das ihnen den Blick auf das Ganze weitet und ihre Einsichten vertieft.

Schließlich richtet sich die Arbeit auch an die Adresse der Kollegen, die das Autogene Training unterrichten und ihre eigenen Methoden und Erfahrungen mit denen des Verfassers vergleichen. So gesehen ist die Darstellung ein Beitrag zur Diskussion in Methodenfragen und zum Sammeln von Erfahrungen.

Ich stelle eine Methode dar und teile persönliche Erfahrungen mit, um meine eigene intensive Beschäftigung deutlich zu machen, die sich einem größeren Publikum mitteilen will, nachdem sie im diskreten Gespräch zwischen Lehrer und Schüler oder in der Intimität einer Kleingruppe zu bestimmten und erprobten Artikulierungen geführt hat.

Wer über Autogenes Training schreibt, muß sich klar darüber sein, daß er an der Bekanntmachung und wiederholten Interpretation eines Werkes mitarbeitet, dessen Autor Weltruf erlangt hat. Das Autogene Training ist widerstandsfähig gegen viele Modifikationen geblieben, an denen es von Anbeginn nicht gefehlt hat. Der große Arzt J. H. Schultz, der mit dem Autogenen Training eine leicht zu erlernende Praxis des Gelassenseins entdeckt hat, hinterließ bei seinen Schülern die Erinnerung an seine eigene unerschütterliche Gelassenheit, wenn es um die Diskussion der verschiedensten Verfälschungen und Verflachungen der Methode gegangen ist. Seine Beharrlichkeit und Kompromißlosigkeit zeigte sich nur da, wo die prinzipiellen Grundlagen der Methode zum Schaden der Übenden in Gefahr gerieten. Wenn er von Schädigungen sprach, die durch unsachgemäße Unterrichtung und Weitergabe entstehen können, so blieb er andererseits gelassen in der Beurteilung der Wirkungen des Trainings selbst, denn diese pflegten und pflegen regelmäßig auszubleiben, wenn das Autogene Training unordentlich und dilettantisch unterrichtet wird. In der Gegenwart ist eine besonders intensive, breite Popularisierung des Autogenen Trainings zu beobachten, die bis zur unlauteren kommerziellen Ausbeutung reicht. Den Schaden tragen nur schlecht informierte, aber interessierte Menschen davon, die von sich aus nicht unterscheiden können, ob die vielen Kurse tatsächlich das Autogene Training und nicht irgendeine verwässerte Entspannungstechnik ohne tiefgreifende Wirkungen anbieten. Deshalb ist die Rückbesinnung auf die methodischen Grundlagen des Autogenen Trainings und ihre saubere Interpretation gerechtfertigt.

Protokollbeispiele

Zur Veranschaulichung der Selbsterfahrung im Autogenen Training führe ich im folgenden – gestreut nach Geschlecht, Alter, Beruf und Beschwerdebild – ausgewählte protokollarische Notizen von 28 meiner Patienten oder Schüler und ein durchgehendes Protokoll aus den Jahren 1958 bis 1970 an. Die in Klammer gesetzten Kennzahlen erleichtern die Zuordnung der jeweiligen spontanen Protokollnotizen, die nach Formeln und Einstellungen des Trainings geordnet sind.

Die Protokollanten

(1) Lehrerin, 27 J., versucht im Unterricht ihre Selbstunsicherheit zu überwinden.

(2) Angestellter, 28 J., von Fachklinik wegen »Angstneurose« zur ambulanten Behandlung überwiesen.

(3) Medizinstudent, 20 J., Angst, Potenzstörungen, allgemeine Unsicherheit gegenüber Frauen. Ehe der Eltern früh geschieden; lebt bei der Mutter.

(4) Studentin der Architektur, 20 J., Errötungsfurcht, Obstipation.

(5) Stenokontoristin, 38 J., geschieden, Mutter eines Jungen von 12 Jahren, kommt wegen Kreislaufregulationsstörungen und Verkrampfungen im Rücken (Beruf!).

(6) Theologieprofessor, 47 J., lernt Autogenes Training, um konzentrierter arbeiten und freier sprechen zu können; altes Gehörgangsleiden rechts.

(7) Studienrätin, 49 J., Kreislaufstörungen.

(8) Pädagogikstudent, 23 J., allgemein gehemmt, Angst vor Vorgesetzten.

(9) Malermeister, 27 J., Stottern.

(10) Diplom-Handelslehrer, 34 J., Hemmungen, wechselnde vegetative Störungen, Ansatz zu Hemmungsstottern.

(11) Kindergärtnerin, 25 J., Depressionen, Nervosität, Menstruationsstörungen.

(12) Theologe (Heimlehrer), 25 J., lernt Autogenes Training ohne Symptomdruck zur Verbesserung seiner Gesamtsituation in schwieriger Sozialarbeit.

(13) Schwesternschülerin, 23 J., Errötungsfurcht.
(14) Jurastudent, 21 J., Stottern.
(15) Hausfrau, 29 J., Angstzustände und Herzbeschwerden.
(16) Theologiestudent, 26 J., Konzentrationsstörungen.
(17) Elektroingenieur, 42 J., Angstzustände, wegen mehrfach diagnostizierter Beschwerden ohne organischen Befund in das Autogene Training überwiesen.
(18) Pfarrer, 39 J., Unkonzentriertheit, mangelnde Arbeitsökonomie.
(19) Jurastudent, 24 J., Stottern.
(20) Studienreferendarin, 26 J., bronchitische Schübe bei emotionellen Belastungen.
(21) Anlageberater, 31 J., Streßsituation, Gedächtnisschwierigkeiten.
(22) Fabrikant, 44 J., Sprechhemmung, Befangenheit im Gespräch mit Geschäftspartnern.
(23) Hausfrau, früher Sekretärin, 40 J., Überbetriebsamkeit, nervöse Hast, Stimmungslabilität.
(24) Physiker, 57 J., berufliche Überforderung.
(25) Universitätsdozent (Biologie), 34 J., Schlafstörungen.
(26) Hausfrau, 50 J., Kreislaufsregulationsstörungen.
(27) Diplom-Ingenieur, 43 J., Streßsituation. Desorganisierter, gehetzter Mann.
(28) Psychagogin in Ausbildung, 24 J., allgemeine Nervosität, Konzentrationsmangel.

Gefühl, daß ich an der Oberfläche einer großen Tiefe bleibe. Beim Ausatmen öfter wieder das Zucken oder dessen Vorstufe. Manchmal aber auch Versinken aus der Umwelt in eine Dunkelheit. Gefühl der Schwerelosigkeit, dabei Empfindung einer sanften, unkontrollierbaren Drehung, die aber verschwindet, sobald ein Gedanke sich darauf richtet. (19)

Zuerst Körper gelöst, dann innerlicher Abstand von mir selbst, kribbeln. Umwelt entfernt. Kein Zeitgefühl. Freudige Stimmung. (28)

Ich spüre meine Umgrenzung. Es klopft in den Extremitäten, daß ich weiß, wo ich aufhöre. (1)

Kopf immer noch schwer, schlagende Augenlider. Auf einmal hatte ich das Gefühl, ich läge in einer Hängematte und würde hin- und herschwingen. Mußte auf einmal lachen, sagte mir, daß ich das erst nachher darf, habe noch einmal und schließlich ein Drittesmal geübt, ungefähr nach fünf Minuten lachte ich erneut heraus und beendete. (11)

Vor den Augen und der Nasengegend in der Tiefe ein Schweregefühl, das bei »ganz« zu einem Expansionsgefühl aus dem Engeren ins Weite führt. (Der Patient zeichnet in das Protokoll eine Wellenkurve, bei der die Worte *ich* ganz auf den Wellenbergen, die Worte *bin* und *ruhig* in den Wellentälern liegen). (6)

Es dauerte ziemlich lange, bis ich mich wirklich ruhig fühlte. Anfangs lange ein seltsames Zittern zwischen den geschlossenen Augen und der Stirn etwa in der Mitte. Dann kam ein Gefühl in den Fingern der rechten Hand, das zuerst an Schwere erinnerte, dann etwa so, als gehörten die Finger nicht mehr zu mir. Als ich darauf aufmerksam wurde, verschwand dieses Gefühl, kehrte aber wellenartig in Abständen etwa dreimal wieder. Einmal dasselbe auch in der linken Hand, aber nicht so stark. In den Beinen zuckte es zu Anfang ein paar mal, dann lagen sie da als gehörten sie nicht zu mir. Der Atem wurde ruhig und gleichmäßig. Allerdings störte mich, daß ich im ersten Drittel der Übungszeit zweimal schlucken mußte. Gegen Ende der Zeit öffnete sich mehrfach das rechte Auge, ohne daß ich es wollte. (12)

Hände zum Schluß wie unter einem Schleier. Arme und Hände rücken ganz in die Ferne, für Augenblicke wie eingeschlafen. (18)

Entspannung der Zungenmuskulatur. Körper schwer. Angenehme Gelöstheit. (22)

Schwere im rechten Arm erfahren, hatte aber nur ein wenig deutlicheres Gefühl erhofft. Insgesamt nachher sehr entspannt. Autogenes Training im Blick auf die Erfahrung der Schwere nur teilweise erfolgreich, aber sehr hilfreich zur Entspannung bei einer sehr anstrengenden Tagung. (24)

Nach Vorübung stellt sich Schwere sofort ein, verstärkt sich im Laufe der Übung, so daß es das bisher stärkste Gefühl war. Verteilt sich auch auf den übrigen Körper, besonders beim rechten Arm starke Empfindung, daß Arm fest auf dem Boden aufliegt. (14)

Lang andauerndes Gefühl des Sinkens, Bleiarm. Lockerung der Schultermuskulatur in Stufen, Wärmewellen durch die Arme, Schwere im rechten Arm. (21)

Besinne mich, ob überhaupt etwas erreicht wurde. Zwischendurch fällt mir wieder die Übung ein – und plötzlich empfinde ich erstmals wohltuende Schwere und Entspannung in den Beinen, wie sie sonst nur in den Armen zu erreichen war. Damit breche ich die Übung befriedigt ab. (25)

Schwereerlebnis auch im rechten Bein besonders wahrnehmbar. Danach Auflösung der Schwere von den Fingerspitzen her zur Schulter hin. Auch im rechten Bein automatisch Schwere sowie stärkeres Wärmegefühl in der rechten Körperhälfte. (22)

Arme schwer – mehrmals das Gefühl, unter einer Hülle wegzutauchen. (18)

Schweregefühl läuft in Abständen durch den rechten Arm, dann aber auch Unterschenkel und linker Arm schwer. (7)

Schnelles Erreichen der Ruhe- und Entspannungslage ohne Störungen. Der rechte Arm tritt in seinem Schweregefühl noch nicht klar im inneren Bewußtsein auf. Stärker ist die Kontrastempfindung, daß der linke Arm leichter ist und »höher« liegt. (6)

Die innere Beruhigung im Körper tritt jetzt schneller ein. Nach mehreren Übungen erscheint der rechte Arm schwerer. Rechter Arm und Hand erscheinen länger und dicker. Gefühl zieht bis in die rechte Brustseite. Die ganze obere Körperseite erscheint wie eine Mißbildung. Der gesamte Körper, besonders Beine und Arme sind schwerer. Jetzt ist die ganze Übung wohltuend. Ich bin danach am ganzen Körper ruhiger und ausgeglichener. (2)

Kam sehr schnell zur Ruhe. Meine Arme wurden sehr schwer. Stellte mir vor, ich wäre Götz von Berlichingen, nicht nur mit einer eisernen Hand, sondern mit einem Arm, der jetzt die Liege durchdrückt. (11)

»Rechte Hand warm«

Fast sofort allgemeine Entspannung und dann Schwere- und Wärmegefühl im linken Arm und Bein. Linke Hand warm. Kribbeln und Zucken. Letzteres links und rechts in den Armen. Kein Wärmegefühl, aber jedenfalls ein unentschiedenes Temperaturgefühl, so wie wenn man ein sehr kaltes Stück Metall berührt und nicht weiß, ob es kalt oder heiß ist. Leichtes Brennen in der Haut und an der Hand. (19)

Die Bedeutung des Loslassens erkannt. Nun kam mit Schwere mehr innere Ruhe und Gelöstheit. Hand warm, ziemlich rasch, dabei zog die Schwere wellenartig durch den Arm und die Hand. (28)

Das Wärmegefühl in der Haut bei der Übung »rechte Hand ganz warm« hält auch im kalten Raum an. (10)

Formel: »Rechte Hand warm« führt zu starkem pulsierendem Druckgefühl in riesigen Händen. Habe zum erstenmal das Empfinden, etwas besonders Schönes zu erleben. Rechte Hand warm bewirkt ein intensives, dennoch angenehmes Druckempfinden, vor allem in den Fingern ohne Volumensteigerung, als ob die Finger platzen wollten. (25)

Bei Wärmeübung zu Beginn das Gefühl (insbesondere in der Hand), alles würde sich weiten und weiter werden. Der Arm scheint stärker zu werden. Gefühl der Schwere wird stärker, nicht aber eigentlich Wärme. Im weiteren Üben größere Wirkungen, vor allem in beiden Unterarmen und Unterschenkeln. (14)

Wärme in beiden Händen sehr bald deutlich, nur langsame Ausdehnung auf andere Körperteile. In den Beinen nur sehr schwach, statt dessen eigenartiges Gefühl in den Oberschenkeln und in den Armen. (4)

Die Hand empfinde ich noch nicht als warm, aber das Bewußtsein davon ist präsent. Meine eigene Formel: rechte Hand schön warm. (6)

Wärmegefühl an rechter Hand, dabei der ganze Körper schwer. Zusammen mit dem Wärmegefühl in der Hand spüre ich das Blut in den Fingern klopfen. (7)

Sehr entspannt, starkes Gefühl der Schwere und deutliches Gefühl der Wärme. (25)

Wärme und Schwere im ganzen Körper, etwas trockener Mund, Magengeräusche. (3)

»Puls ruhig und kräftig«

Schweregefühl und Wärmegefühl stellen sich gut ein. Vielleicht bemerke ich die Einstellung des Schweregefühls deshalb nicht so gut, weil es von Anfang an vorhanden ist. Ich spüre immer die Breite des Rückens und das entspannte Ruhen des Körpers auf dem Bett. Am besten stellt sich Pulsschlag ein: sofort und im ganzen Körper. (19)

Ich verspüre gegen Ende der Übung ein deutliches Klopfen in den Fingern. Obwohl Ruhe und Schwere schnell eintreten, fühle ich mich ganz leicht. Wiederum am Ende kurzes Klopfen im Kopf, besonders an den Schläfen zu spüren. Das Klopfen in den Fingern erscheint mir kräftiger. Nachdem ich die vorgenommene Umstellung in der Reihenfolge der Übungen mit dem Atem gewechselt habe, spüre ich den Herzschlag etwas stärker. Bis in die rechte Brustseite. Auch im Kopf und in den Händen verspüre ich zu diesem Zeitpunkt den Herzschlag etwas deutlicher. Diese und die vorhergehende Übung gleichen sich meiner Meinung nach sehr. Der Körper wird bei dieser Übung noch ruhiger. Ich fühle mich besonders entspannt und leicht, so daß die zu Beginn der Übung entstandene Schwere kaum noch zu spüren ist. (2)

»Herz und Puls ruhig und kräftig« vermittelt ein Gefühl, als ob man bis zum Hals in einer Badewanne voll angenehm warmen Wassers säße und so zu Wohlbefinden gelangte. (10)

Schnell Schwere und Wärme, dann Puls im Bauch. (26)

Schwere und Wärme prompt. Puls zuerst in den Fingerspitzen, dann im Fuß und Knöchelgegend. Hernach an den Schläfen und schließlich in der Magengegend. (21)

Beruhigendes Klopfen des Herzens. (14)

Starkes Pulsieren, die Haut wird von innen spürbar. Später Pulsieren im Nacken. (1)

Pulsschlag in der rechten Hand, leichter Gegendruck von der Unterlage gegen den Arm. (16)

Schwere und Wärme gut. Blut klopft in den Händen und Füßen. Herzschlag deutlich spürbar. (7)

Puls ruhig und gut spürbar in den Fingerspitzen, im rechten Handgelenk sowie am Hals und am Hinterkopf. (23)

Deutlich spürbar ist die Beruhigung des Herzschlages vom Anfang bis zum Ende der Übung. (6)

»Atem ruhig und gleichmäßig«

Gute Entspannung, viel Wärme und gleichmäßiger und tiefer Atem. (23)

Zwerchfellbewegung gut zu spüren, deutliche Bauchatmung, dabei verstärktes Wärmegefühl in den Beinen. (7)

In aller Ruhe das Training gemacht. Sehr entspannend auch nach den Verhandlungstagen. Sehr hilfreich die Assoziation, beim »Atem« auf einer Welle mit dem Kopf leicht zu steigen, beim Ausatmen und mit der Formel »ganz ruhig« wieder ein wenig zu sinken. (24)

Sofort ruhige Atmung, Anschwellen der Waden, bißchen Druck im Kopf, dann aber von neuem entspannt und Wärmegefühl im ganzen Körper. (11)

Atmung in Intervallen, ähnlich denen bei der Übung »rechte Hand ganz schwer«. Automatisch komme ich in einen solchen Rhythmus hinein. (10)

Bei der Einstellung des Atems habe ich oftmals eine Verstärkung der übrigen Einstellungen festgestellt. (8)

Langes Verweilen beim Atmen. Habe den Eindruck, daß sich keine Störung durch die Betrachtung mehr ergibt. (25)

Bei Ausatmung das Gefühl, als ströme Luft in den Leib. (5)

»Plexus strömend warm«

Alles da. Wärme von der Körpermitte nach außen und wieder zurück. Wie eine große Schale. (1)

Sonnengeflecht: leichtes Knurren im Magen. Gefühl, als sei der Bauch zusammengefallen wie ein Luftballon, aus dem Luft entwichen ist. (14)

Zunächst wieder ein Druck auf den Magen, dann werden die Hände zu Tatzen und bilden schließlich mit dem Bauch zusammen eine übergroße Einheit. Das erinnert mich an Bilder von Botero. (18)

Bei Plexuseinstellung wird es im Bauch lebhaft. Nicht näher beschriebene Oberflächensensationen auf der Bauchdecke. (Auf Befragen: deutliche Wahrnehmung der Bauchhaut im Kontakt mit der Kleidung.) (17)

Bei Plexuseinstellung überraschendes, aber angenehmes Kribbeln in den Oberschenkeln. Warme Strömung in die Füße und zurück. Dabei der Kopf schwach spürbar. Hinterher frei und gelöst. Beine locker und gut durchblutet. (13)

Der Puls konzentriert sich auf die Magengegend. Ich spüre den Pulsschlag immer tiefer eindringen, seltsamerweise so, wie bei chemischer Reaktion Gasblasen langsam an die Oberflächen blubbern. In der Nierengegend spüre ich kurze Zeit zwei breite Bänder, ohne die Empfindungsart beschreiben zu können. Sie verlaufen in Richtung auf die Wirbelsäule leicht zu den Schultern hoch, laufen wie eine Parabel zu und enden vor der Wirbelsäule. Tiefe Entspannung. (19)

Bei »Plexus strömend warm« spüre ich Wärme hinter der Magenwand, das scheint die Verdauung zu fördern. Knurren im Magen. (10)

Kitzelgefühle an der Bauchdecke von innen. Vielfältige Erlebnisse in der Bauchhöhle: ein ganzes Konzert! Guter Übungsverlauf. (22)

Spüre eine angenehme Wärme im Bauch und in den Oberschenkeln. Der Magen rumort. (23)

»Stirn angenehm kühl«

Stirn wurde von Zeit zu Zeit kühl, ich weiß aber wirklich nicht, ob von einem Lufthauch, obwohl im Zimmer kein Zug entstehen konnte. (19)

Formel »Stirn angenehm kühl« führt zu strömender Wärme in den Füßen. Hernach die Wahrnehmung eines leichten Lufthauches. Durch mehrfaches Pendeln der Formeln »Füße warm« – »Stirn angenehm kühl« läßt sich die Wärme angenehm verstärken. Die Reaktion ist im Moment des Hinwendens fast schlagartig. (25)

Stirn angenehm kühl, Füße warm, gut entspannt, Wärme überall. (15)

Gesicht schrumpft zusammen, Ohren ziehen nach unten, Druck entweicht, Kopf wird klarer. (13)

Stirnwand kühl, Gefühl eines Leerraumes an der Stirn. Füße und Hände sehr warm. (18)

Bei Einstellung der Stirnkühle verschwand der Puls, der vorher deutlich im Kopf spürbar war. (12)

Zusammenfassungen
(organismische Umschaltung)

Die einzelnen Übungen gehen wie am Schnürchen, alles kommt prompt. Nachher verweile ich wieder bei Schwere und Atem. Es ist so, als ob der Atem die Schwere auflösen wollte. Der Puls ist diesmal in den Atem integriert. (20)

Die Übungen sind für mich so wohltuend und beruhigend, daß ich wesentlich länger in dieser entspannten Lage verweilen könnte. (2)

Die Kombination verschiedener Übungen miteinander war wieder sehr hilfreich. Ich war sehr verwundert, daß das ganze Training schon in sechs bis sieben Minuten zu Ende war, während ich sonst zehn bis fünfzehn Minuten benötige. Dennoch hatte ich heute das Gefühl, es habe besonders lange gedauert. (24)

Ganz entspannt, fühle mich wohl. Seit Wochen nicht mehr eine solche totale Entspannung erlebt. (5)

Schwere und Wärme sehr schnell erreicht, im weiteren Verlauf Steigerung der Empfindungen, bis dann das Gefühl der völligen Gelöstheit eintrat, so daß ich kaum noch Arme und Beine spürte. Auch die Schwere war als solche nicht mehr zu empfinden. Dabei bestand Gelöstheit im Gesicht und über der Stirn. Im Sonnengeflecht Wärme, Knurren und sonstige Vorgänge, die ich medizinisch nicht deuten kann. Einmal leichtes Ziehen zum Unterleib, vielleicht der Harnleiter? Als ich nach der Übung aufstand, hatte ich das angenehme Gefühl der Ausgeglichenheit und Weichheit im ganzen Körper. Gefühl der körperlichen Identität. (14)

Ich merke erst durch das Training, wie müde oder erschöpft ich vor diesem gewesen bin, was ich sonst gar nicht wahrgenommen hätte. (28)

Ich habe viermal meine Übungen gemacht. Der Erfolg war groß. Ich fühlte mich außerordentlich frisch hinterher für viele Stunden. (23)

Nach dem Autogenen Training Ermüdungsabbau. Danach kann ich mich besser konzentrieren, bin ruhiger. Ich habe ein wohliges Gefühl, das lange anhält. (10)

Vor Beginn der Übung sehr müde. Während der Übung kommt plötzlich merkwürdige, von einem kleinen Schauer begleitete Änderung aller Empfindungen auf. Bilder treten vor meine Augen, ohne daß die Übung im geringsten gestört wird – da wird mir klar, nun schläfst du. Nach einiger Zeit entschließe ich mich zum Aufwachen, was wiederum die Übung nicht stört. Fühle mich außergewöhnlich erfrischt, als ich die Übung schließlich abbreche. Dieses Training hat insgesamt übrigens nicht länger gedauert als üblich. (25)

Sonderbeispiel (27)

Der Patient hat bei genauester Protokollierung jeweils im Abstand von zwei Wochen selbst kleine Zusammenfassungen gemacht, die hier ihres individuellen Charakters wegen mitgeteilt werden sollen:

Für das Training im Liegen brauche ich nun doch dauerhaft eine Nakkenunterstützung. Ich schlafe jetzt besser.
Ich fahre langsamer Auto.
Habe eine kleine Rede aus dem Stegreif gehalten. War ruhiger als vorher und sicher genug, um beobachten zu können. Der Vortrag ist gut angekommen. Ich bekam spontane Anerkennungen.

Übung gelingt am besten vor dem Einschlafen.
Hinlegen ist ohne Formeln bereits ein Eintauchen in einen angenehmen Zustand, der alle Formelziele enthält. Trotzdem gebe ich Formeln nochmals durch. Auch Endphase stellt sich automatisch ein. Die Revision meiner Selbsteinschätzung hat begonnen, sie ist nicht gerade angenehm.
Glaube gewisse Ansätze zur Selbstwahrnehmung sporadisch zu erleben. Das innere Durcheinander ist nicht gelöst, aber im Moment nicht mehr so virulent. Ein neuer Standort scheint sich vorzubereiten.

Bei der Vorstellung »Sprechen gleichgültig« überkommt mich fast immer das Gefühl, daß ich alles spielend schaffe und daß ich mich früher viel zu viel durcheinanderbrachte. (9)

   Mit der Formel »ich weiß wer ich bin« verstärkt sich das Ruhegefühl, und Harmonie zieht ein. Das Gefühl der Geborgenheit verstärkt sich. (10)

   Puls und Schwere sofort. Wärme bei entsprechender Übung. Bei jeder Formel spreche ich jetzt innerlich mit dem Ausatmen. Puls konzentriert sich während der ganzen Zeit vorwiegend auf Zwerchfell. Plexusübung gut. Atemübung auch. Formelhafter Vorsatz: »Ich spreche im Ausströmen.« Sofort eine viel größere Fallschwere des Atems. Abstände zwischen aus- und einatmen werden dementsprechend größer. Dabei Wärmewellen im ganzen Körper. (19)

   »Mut und Selbstvertrauen wachsen.« »Ich bin gelassen bei jeder Tätigkeit.« Besonders gute Entspannung und Ruhe bei diesen persönlichen Formeln, die ich zwischen die Standardformeln einschiebe. (8)

   Ich bin heute ohne irgendwelche Angst oder nervöse Gefühle aufgestanden und in den Kindergarten gegangen. Habe die ganze Zeit mit der Formel »das ist mein Arbeitstag« prima geübt. (11)

Zusammenhängendes Protokoll

Lehrerin, 26 J., Sexualangst, Aversion gegen korpulenten Partner.

12. 9. Beklemmendes Gefühl. Verkrampftes nach innen Horchen. Pochen der Bauchschlagader. Dann Wärmegefühl, aufsteigend von den Fingerspitzen zum Ellenbogen.
13. 9. Keine innere Ruhe – Druck im Kopf und Hals.
14. 9. Pulsierender Körper, Klopfen im rechten Oberschenkel. – Schwere des Körpers.
15. 9. Ziehen der Bauchdecke nach unten. Dröhnen im Kopf.
16. 9. Aufsteigende Wärme von der Fußspitze bis zum Knie.
17. 9. Pochen im Kopf und aufsteigende Wärme von den Füßen bis zu den Knien und von den Fingerspitzen bis zu den Ellenbogen. Gefühl des Sich-Drehens.
21. 9. Gestrige Gestimmtheit läßt mich zur inneren Ruhe kommen. (Anmerkung: Patientin war bei ihrem Verlobten.) Herzstiche,

Benommenheit im Kopf. – Kribbeln in den Händen, aufsteigende Wärme im Rücken.

22. 9. Keine echte Konzentration. Druck im Hals. Eine Art Schnürgefühl.

24. 9. Rechte Oberkörperhälfte ist schwerer als die linke. Rechter Arm ist schwer. Rauschendes Geräusch. Linker Arm existiert nicht. Kribbeln in Handrücken, zieht weiter in Unterarm und in den Ellenbogen.

25. 9. Kein körperliches Gleichgewicht.

28. 9. Hungergefühl zieht Bauchdecke zusammen. Prickelndes Gefühl in beiden Armen. Gefühl im rechten Arm: der kalte Arm wird allmählich warm. Dabei ist der Arm bleischwer.

30. 9. Länge der Beine gespürt. Spüre die ganze Fläche des Körpers. Prickelndes Gefühl im rechten Arm.

1. 10. Fläche des Körpers gespürt; rechter Arm und rechtes Bein bleischwer.

2. 10. Wieder dieses Oberflächengefühl des Körpers.

5. 10. Rechter Arm fast gefühllos. Wärme zieht durch den ganzen Körper.

8. 10. Schwere des rechten Armes ist schnell erreicht. Wärme kriecht in Arme und Beine und dann auch in den ganzen Körper. Leichtes Atmen erzeugt Gefühl der Schwerelosigkeit.

9. 10. Rechter Arm schwer und warm. Körper bleischwer.

10. 10. Durch »Atmung ruhig und gleichmäßig« das Gegenteil: hastiges Atmen.

12. 10. Konzentration schnell erreicht. Atmung funktioniert besser ohne Formel.

13. 10. Stockendes Atmen. Jede Körperfläche, die aufliegt, wird warm.

15. 10. Lähmendes Kribbeln in beiden Armen. Hinterkopf, der aufliegt, schmerzt vor Schwere. (Anmerkung: Patientin entdeckt, daß sie im Haarknoten ungeschickt Haarnadeln gesteckt hat.)

17. 10. Körper wird schnell warm.

19. 10. Ruhiges, gleichmäßiges Atmen, rhythmisches Klopfen an der Körperoberfläche.

20. 10. Wärme stellt sich gleich nach dem Hinlegen ein.

21. 10. Schwebendes Gefühl in beiden Füßen.

22. 10. Rhythmisches Klopfen im Gesicht und Händen.

23. 10. Gefühl, als schwebten die Hände.

24. 10. Ein wohliges Wärmegefühl durchzieht den ganzen Körper.

25. 10. Körper erwärmt sich schnell.

26. 10. Ruhiges Atmen. Muskeln lockern sich. Körper wird schwer.

27. 10. Rhythmisches Klopfen im Gesicht, dann im Handrücken, dann in den Armen.

28. 10. Wärme stellt sich rasch ein.

29. 10. Die übliche Übungszeit verschlafen. In der Mittagspause die Übung nachgeholt, aber keine innere Ruhe gefunden.

2. 11. Warmer Körper. Muskeln erschlaffen. Körper bleischwer. Gefühl, als sei rechte Hand angeschwollen.

4. 11. Wärme stellt sich schnell ein. Wärmestauung in den Knien. Kribbeln im Kopf. Stirnhaut gespannt.

5. 11. Arme und Kopf warm, Füße kalt, pulsierender Körper.

6. 11. Warmer, schwerer, pulsierender Körper.

8. 11. Pulsierender Körper. Eiskalte Hände werden unter der Übung warm.

9. 11. Warmer Körper, kalte Hände erwärmen sich. Ein Prickeln im ganzen Körper.

11. 11. Magen kullert. Bauchschlagader klopft. Bauchdecke liegt auf. (Anmerkung: Patientin meint ein Nach-innen-Aufliegen der Bauchdecke auf den Baucheingeweiden.)

12. 11. Magen knurrt. Bauch in die Wärme des Körpers eingeschlossen.

13. 11. Warmer Körper. Bauchdecke fällt in den Bauchraum. Bauchschlagader klopft. Wärmegefühl erstreckt sich über den ganzen Leib.

14. 11. Bauchdecke ist schwer – wird allmählich leichter. Bauchschlagader klopft. Wärme konzentriert sich auf die Geschlechtsorgane.

16. 11. Warmer Körper, kühle Stirn, pochender Leib; Kleider, Strümpfe etc. existieren nicht; ich bin umgeben von einer warmen Haut.

18. 11. Pochender, entspannter Leib, kühle Stirn, prickelnder Körper. Übe zum erstenmal formelhaften Vorsatz: »Dick sein, auch schön.« (Anmerkung: Patientin hat sich diese Formel selbst gesucht, sie wird ihr zum weiteren Ausprobieren überlassen.)

21. 11. Warmer, schwerer Körper; klopfende Bauchschlagader. Formelhafter Vorsatz (FV): »Dicke Wangen stören nicht.«

23. 11. Bauchdecke gespannt, klopfende Bauchschlagader. Schwerer Körper.

25. 11. Schwerer, müder Körper, warmer Leib. Formelhafter Vorsatz.

28. 11. Klopfen der Aorta. »Dick sein, auch schön; dicke Wangen stören nicht.«

1. 12. Kalte Hände werden warm. Kribbelnde Arme, klopfende Aorta, entspannte Bauchdecke.

4. 12. Warmer Körper, entspannte Bauchdecke. FV: »Gesicht angenehm.« (Anmerkung: In dieser Weise übte die Patientin über die Weihnachtszeit weniger, im Januar des darauffolgenden Jahres wieder sehr regelmäßig und protokollierte im wesentlichen wie bisher. Am 20. Januar notiert sie: warmer Körper; Schürfstelle am Bein, Schmerz bei der Durchblutung; entspannte Bauchdecke.)

23. 1. Kribbelnder Körper. Neuer FV: »Erichs Dicksein Nebensache, Leib wird weit.«

(Anmerkung: Für die Monate Februar bis April einschließlich gibt die Patientin zwei getrennte Zusammenfassungen für das Üben im Liegen und im Sitzen.)

Liegend: Füße und Hände, besonders Handflächen, erwärmen sich rasch. Wärme zieht bis zu den Achselhöhlen. Wärme konzentriert sich auf Knie, auf Schulterblätter. Ein Schluckauf verschwindet. Kopf erreicht besonders intensive Schwere. Ich übe weiter mit variierten FV, einmal so: »Erichs Eigenart ist so«, ein andermal »Erich ist gut, sein Aussehen gehört dazu«. Durch dieses Training ist mir völlige Entspannung möglich.

Sitzend: Verkrampftes Sitzen, verkrampfte Haltung, gespannter Nacken. Rücken-und Nackenschmerzen. Hände und Füße erwärmen sich. Rücken und Nackenpartie werden lockerer, diese Beobachtung besonders beim Training am Abend. Training in dieser Haltung fällt leichter. Hände, Füße, ganzer Körper erwärmen sich. Prickelndes Gefühl in Händen, Füßen und Beinen. Schwerer Kopf sinkt vornüber. Training in dieser Weise führt aber nicht zu völliger Entspannung, obwohl es schneller gelingt. Die Konzentration hält wegen dieser geschilderten körperlichen Begleiterscheinungen nicht so lange an.

(Anmerkung: Ein weiteres letztes, zusammenfassendes Kurzprotokoll für die Monate Mai bis Juli zum Schluß.)

Wärme kriecht in den Körper, deutlich spürbar in den Zehen und in den Fingerspitzen. Arme, Hände und Füße »vergrößern sich«. Körper ist bleischwer, besonders die Waden. Auflageflächen des Körpers bilden mit dem Untergrund eine Einheit. Füße spüren nicht mehr das Vorhandensein der Schuhe. Organe im Bauchraum sind schwer. Es pocht im Kopf und Leib und flacht dann ab. Handflächen beginnen zu kribbeln, ohne daß mit dem Üben begonnen wurde. Neuerdings gelingt das Autogene Training auch im Beisein einer sich ruhig verhaltenden Gemeinschaft. Endgültiger FV, mit dem ich mich ganz auf meinen Verlobten einstelle: »Erich ist recht, so wie er ist.«

Literaturnachweis

Es kann nicht Aufgabe dieses Buches sein, den reichen wissenschaftlichen Ertrag vieler Autoren zu referieren. Dem Interessierten seien nochmals folgende Hauptwerke genannt, aus denen er eine Fülle an Informationen entnehmen mag:

Langen D., *Der Weg des Autogenen Trainings*, Wissenschaftliche Buchgesellschaft, Darmstadt 1968.

Luthe W., Autogenic Training. Autogenes Training. Training autogène, in: *Correlationes Psychosomaticae*, Grune & Stratton, New York/London 1964.

Schultz J. H., *Das Autogene Training. Konzentrative Selbstentspannung*, 13. Aufl., Thieme-Verlag, Stuttgart 1970 (Darin besonders Teil B – Zur Theorie der Methode, S. 269 ff.)

Schultz J. H. und W. Luthe, *Autogenic Methods*, Grune & Stratton, New York/London 1969.
(Sechs Bände, davon besonders der von Luthe herausgegebene Band I: *Autogenic Therapy*)

Stokvis B. und E. Wiesenhütter, *Der Mensch in der Entspannung. Lehrbuch autosuggestiver und übender Verfahren der Psychotherapie und Psychosomatik*, 3. Aufl., Hippokrates, Stuttgart 1971.

Thomas K., *Praxis der Selbsthypnose des Autogenen Trainings* (nach J. H. Schultz). Formelhafte Vorsatzbildung und Oberstufe, 2. Aufl., Thieme-Verlag, Stuttgart 1972.

Wallnöfer, H., *Seele ohne Angst. Hypnose, Autogenes Training, Entspannung*, 3. Aufl., Hoffmann und Campe, Hamburg 1972.

Wiesenhütter E. (Hrsg.), *Hypnose und Autogenes Training in der psychosomatischen Medizin*, Stuttgart 1971. Schriftenreihe zur Theorie und Praxis der mediz. Psychologie, Bd. 17.

KINDLER TASCHENBÜCHER
GEIST UND PSYCHE

7–5–4/6–9–4